U0634565

核心素养视域下的高中教育工作研究

岳美丽 著

全国百佳图书出版单位

吉林出版集团股份有限公司

图书在版编目（ＣＩＰ）数据

核心素养视域下的高中教育工作研究 ／ 岳美丽著
． -- 长春：吉林出版集团股份有限公司，2022.8
ISBN 978-7-5731-2070-0

Ⅰ．①核… Ⅱ．①岳… Ⅲ．①高中－教育工作－研究
Ⅳ．① G63

中国版本图书馆 CIP 数据核字（2022）第 156694 号

HEXIN SUYANG SHIYUXIA DE GAOZHONG JIAOYU GONGZUO YANJIU
核心素养视域下的高中教育工作研究

著：岳美丽
责任编辑：许　宁
封面设计：冯冯翼
开　　本：710mm×1000mm　　1/16
字　　数：115 千字
印　　张：6.75
版　　次：2022 年 8 月第 1 版
印　　次：2022 年 8 月第 1 次印刷
出　　版：吉林出版集团股份有限公司
发　　行：吉林出版集团外语教育有限公司
地　　址：长春福祉大路 5788 号龙腾国际大厦 B 座 7 层
电　　话：总编办：0431-81629929
印　　刷：涿州汇美亿浓印刷有限公司

ISBN 978-7-5731-2070-0　　　　　　定价：48.00 元

随着社会的发展与进步，我国教育事业及教育重点也发生了重大变化。基础教育的改革深入开展，使得素质教育成为基础教育的核心，其中核心素养的培育也成为教育重点。为了体现和发挥核心素养价值和作用，高中教育要将学生的表现作为参照点，突出学生的主体地位，重视教师的主导作用。中国高考评价体系，是符合素质教育全面发展要求的、用于指导高考内容改革和命题工作的测评体系。高考评价体系的构建与实施，是健全立德树人落实机制、实现德、智、体、美、劳全面发展育人目标的必经之路，为新高考改革提供可靠的理论支撑和实践指南。在高中教育工作中，只有真正将核心素养落实到每一堂课、每一道习题中，才能将"怎样培养学生"变为"培养怎样的学生"。

本书以"核心素养视域下的高中教育工作研究"为选题，探讨相关内容。第一章是高中教育概述，阐述高中教育的性质与特点、高中教育的功能与价值、高中教育的发展趋势；第二章分析高中教育主体及其改革发展，内容包括突出学生主体地位、发挥教师主导作用、深化教育改革影响、贯彻高考评价体系；第三章研究核心素养视域下的高中教学优化策略，以知识为基础，发展学生核心素养；增强教学实效性，聚焦关键能力；创造教学情境与话语特色。

本书视野开阔，结构明了。核心素养视域下的高中教育工作研究，不但突出了学生的主体地位、教师的主导作用，还针对立德树人、核心素养，优化教学知识、教学话语特色、教学实效性、教学形式，使之与时代相结合，提高高中教育工作的综合性、应用性、创新性。

笔者在撰写本书的过程中，得到了许多专家学者的帮助和指导，在此表示诚挚的谢意。由于笔者水平有限，加之时间仓促，书中所涉及的内容难免有疏漏之处，希望各位读者多提宝贵意见，以便笔者进一步修改，使之更加完善。

目 录
CONTENTS

Chapter One

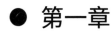 第一章

高中教育概述

高中教育的发展不仅影响着基础教育质量的水平，同时也影响着高等教育的发展，为了更好地落实高考评价体系，我们需要对高中教育进行概述。本章对高中教育的性质与特点、高中教育的功能与价值、高中教育的发展趋势进行论述。

第一节　高中教育的性质与特点

一、高中教育的性质

"高中阶段教育，是国民教育体系的重要组成部分，是衔接义务教育和高等教育的重要环节，具有承上启下的重要作用。"[1] 高中教育的特点包括：①高中教育是一种普通教育；②高中是中等教育的高级阶段。现代社会，我国的高中已经步入了大众普及化的阶段，成为学生步入高等院校或社会必须经历的过渡阶段，是构成终身教育不可缺少的一部分。

二、高中教育的特点

高中教育的特点如图 1-1。

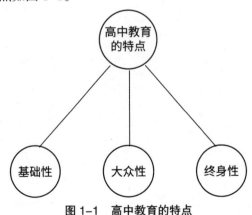

图 1-1　高中教育的特点

---

① 李建民."全面普及高中阶段教育"的内涵释要与路径选择[J].教育研究，2019，40（07）：73.

（一）基础性

基础教育是公民为了生存和发展，而向其自身实施的最基本的文化、知识、生存技能的教育。中国的基础教育包括幼儿教育、小学教育、普通中等教育。因此，基础性是高中教育三大基本特征之一。高中教育的基础性包括：适应性、永久性、可再生性。

（二）大众性

作为基础教育的一部分，高中教育是面向大众化的教育，接受高中教育已经成为常态。因此，大众性是构成高中教育基本要素之一。近年来，高中教育的发展的新思路是，为了充分体现出教育大众化的价值取向，提供多元化发展模式，尽量为学生提供充分的选择机会。

（三）终身性

高中教育的终身性是从根本上为学生的终身发展打下坚实的基础。因为，学习与工作是相辅相成的，学生的能力是在理论与实践中不断提升的。

第二节　高中教育的功能与价值

一、高中教育的功能

高中教育的功能是指高中教育的功效和职能，它既有自身固有的本体功能，也承载着一定的社会功能。高中的基本职能是为学生的终身发展奠定基础。高中教育不仅要关注人的社会性，同时又必须关注人的自然性和个性。

首先是以升学为导向的教育准备功能。高中教育具有以升学为导向的教育准备功能，需要承上启下，以服务于个体的知识与学业的可持续发展为己任，加大高素质人才队伍数量，为国家建设提供更多新生力量。

其次是以育人为导向的教育培养功能。高中教育是形成基本国民素质的完成阶段，因为高中阶段的学生在毕业时一般都年满18周岁，已经是一名正式、独立的社会公民，已经具备以独立的身份参与到社会活动之中，并已经能够为自己的行为负责。

针对就业，高中教育需要遵循的要求包括：①在高中阶段，对学生进行相关的就业教育、培养符合高中生自身的就业观念、使高中生具有职业意识和各自的职业取向；②在高中阶段，需要关注社会经济的发展水平。因为社会经济发展的程度对劳动力所掌握的文化程度的要求，在很大程度上都影响着高中教育的形态。经济发展与人才培养是相辅相成的关系，两者互相促进。

二、高中教育的价值

价值是人的需求与满足这种需求所需要的客体属性的交接点。主体与客体是肯定关系。主体和客体决定了价值，同时价值还会因为主体的能动性，相应地改变客体的历史性。价值所具有的客观源泉和基础都是价值客观性的表现，同时，价值也是将主体性和客观性及历史实践等统一的内核。

1. 工具价值

"价值产生于人的实践活动,具有强烈的社会性。"[①] 高中教育的工具价值——大学准备、职业准备和社会生活准备，显然是彼此关联、相互融合的。

2. 内在价值

内在价值是一物对于自身之价值、基于内在标准判断之价值，内在价值表征事物的独特性。正因有了内在价值，一物才能与他物区别、才能存在。因此，高中教育是基础教育的高级阶段、最后阶段。其根本使命是促进每一个高中生的个性发展和每一个高中教师的专业成长。这是对高中教育内在价值的基本概括。

高中教育的内在价值与工具价值相互作用、相互依存，彼此间动态转化、融为一体。工具价值是内在价值实现的条件；内在价值是工具价值发挥的前提；内在价值与工具价值相互转化、动态生成。创造健康、快乐而富有创造性的高中生活，把握今天是对将来的最好准备，不断提高高中教育的社会适应性，让高中生积极参与高中生活、职业世界和社会生活，这本身就是促进学生个性发展的

---

① 徐兆兰，郑璐璐，陆洋.近年来我国普通高中教育教学价值研究述评[J].江苏教育研究，2017（31）：35.

过程。

3. 经济价值

思想政治教育可以为经济发展提供环境，思想政治教育能让受教育者辩证和全面地看待经济问题，并通过客观科学的分析，让人们拓宽视野，通过树立自己的科学发展观念，让经济和社会的进步具有可持续性和科学性。在思想政治教育的教学内容中，总结出方法论和指导思想，可以形成对经济进步方面的正确认识，并逐渐形成良好的社会环境、心理环境和道德环境。

4. 文化价值

思想政治教育在某种程度上能够满足人民的文化需求，同时促进文化发展，这就是思想政治教育在文化方面的价值。

正面的选择主要是吸收积极的文化，筛选与思想政治教育价值观相同的内容，将这些先进思想纳入教育中，丰富思想政治教育等组成部分，并在后期发展中继续弘扬。

5. 生态价值

生态价值指的是让全民形成环保意识和节约意识，对生态环境也有正确的保护意识，形成良好的合理的消费观念，共同营造良好的社会风气，让人们在良好的生活环境下，为生态做出自己的贡献。

思想政治教育在引领生态思潮促进生态文化创新方面也是重要推动力。

6. 集体价值

（1）强化集体认知

思想政治教育通过让个体认识到自身与社会的联系，来实现个人价值；同时，个人通过培养思想政治素养，逐渐形成了集体的认同价值观和行为准则，通过准则约束集体成员的行为；并通过制订集体共同的发展目标，来确立共同目标的发展规划。

（2）集体价值有助于构建和谐的成员关系

集体主义教育包括多方面的内容，主要有如何处理个人与集体的关系，对他人更理解和包容，集体成员之间彼此团结合作等。思想政治教育也采用了多种方式来缓解集体内部的矛盾，解决问题，使集体内部成员关系更融洽、团结一致。

第三节　高中教育的发展趋势

一、转变教育观念，满足个性化发展

转变教育观念需要学校管理者自身更新教育理念，积极探索出多样化的发展途径，形成有利于多样化发展的氛围；学校管理者尤其要处理好规范与特色化发展、面向全体和尊重差异性等方面的关系。

树立科学合理的培养目标，才能使学校探索出各具特色的培养模式，要满足不同潜质学生的要求，因为不同类型学校的办学水平存在差异，学生的发展也会不同。在此情况之下，学校应结合学生未来发展的意愿，有针对性地实施分层教学、特色教学，使每个学生都能获得成功。多样化的人才培养模式也呼吁学校培养出正确认识自身的学生，使学生的学习生活更加有针对性，并能够立足于学生的实际情况制订出学生未来发展的职业规划。

二、积极探索分层走班制教学，因材施教

走班制教学是指学科班级和任课教师固定不变，学生根据自己所掌握的知识的程度和对学科的兴趣，结合教师的建议，自主选择不同层次的班级上课。不同层次的班级教学内容不同，作业和考试难度也不同。走班教学根据学校的情况而定，可以分为两种：

1. 教师的走班教学

教师的走班教学便于集中教学资源，解决平时教学中突出的问题。

2. 学生的走班教学

教师可根据学生在学习中出现的共性问题，集中力量开展有针对性的辅导。有些学校就以学生的学科差异为标准组织编班进行课外辅导，从而取得高效的教学效果。

总之，走班制教学既有利于教育资源的重新整合，又有利于调动学生学习的积极性，使学生从传统教学中被动接受的角色转变为主动接受学习的角色，还可以使课堂教学的弹性得到释放。

三、重视并构建校园文化建设

重视校园文化建设，需要了解校园文化的功能与特点，然后构建高中校园文化建设，凝聚、引领、培养学生。

（一）校园文化的功能与特点

1. 校园文化的功能

（1）教育导向功能

高中校园文化中最主要的功能就是教育的导向功能，它可以在潜移默化间影响高中师生的身心发展。为了形成高中师生的精神动力与精神支柱，就需要在外在环境中形成积极开放的高中校园文化，深入启迪高中师生。只有形成一个行之有效的、文化气息浓郁的环境，才能够有效开展高中校园文化建设，从而将高中生培养成为有道德、有素质、有责任、有担当、守法律等优良品质的青年。通过积极建设高中校园的文化环境，弘扬和发挥高中校园的价值引领功能。

（2）理想激励功能

高中的校园文化是一种独属于现代的文化现象，其中属于高中师生的理想信念占据了重要地位。高中如果要保证自身的生命力、感染力与凝聚力经久不衰，就需要培育崇高的理想信念，将其作为高中师生的精神支柱与价值取向。在高中校园中构建文化氛围，营造一个既能够彰显主流又能够将各种优良个性进行融合的校园环境，这就需要悉心培育学校中的植物与山石造景等等，使得高中师生可以在环境的熏陶之下懂得爱校护校，使得师生可以更加努力地学习知识、坚定信念，使其将学校作为自身理想信念的港湾。

（3）凝聚合力功能

高中的校园文化通过塑造理想信念、责任担当与道德准则实现凝聚合力，这些是高中师生在学校的学习生活中实现的。

（4）约束规范功能

高中校园文化的存在一方面可以帮助高中生明晰自身，及时纠正错误，积极参与到校园健康良好的活动中；另一方面还可以引领优秀的价值观，激励学生追求理想，以其厚重的底蕴，凝聚一股团结协作、开拓进取的合力。学校可以通过良好的校园文化以明确的规章制度的形式约束高中生的行为；通过道德约束培养高中生良好的品行，其中高中校园内景观景色、日常生活与高中校园特有的文化内涵都会在无形之中约束高中生的行为，培养他们的良好品行。

高中校园文化具有对学生的约束规范功能，其中功能就是指系统与外界环境之间的接触所得到的具体的特性与相应的能力。为塑造一种可以辅助指导人行为的潜在动力，可以发展积极、健康的校园文化。

（5）娱乐调节功能

在校园生活中不只是学习，娱乐也占据了相当大的规模与比重。娱乐在校园生活中占据着举足轻重的地位，它不仅可以充当活跃师生日常生活的润滑剂，也能为较为枯燥的学习生活增添一份乐趣，还可以在娱乐过程中提升学生的文化道德与艺术修养，实现寓教于乐的目的。

2.校园文化的特点

（1）平等包容性

高中教育文化形态是一种大气包容的文化，秉承着"有教无类"的传统教育思想，遵从人人平等的公平正义精神，适应需求，面向大众，重视平等，为更多青年提供了优质的教育资源和学习机会，为他们实现人生梦想提供了更加公平而多样的发展平台。高中教育的蓬勃发展，让每个人都有出彩的机会。

（2）审美移情性

高中校园文化从精神、制度、物质所传递的文化信息，体现高中美感特质，诸如精神的崇高庄严与和谐之美，制度的规范落实和严谨之美，环境的大气厚重和诗画之美，都承载着对高中生审美观的熏陶。通过对美的认知、感悟、欣赏，培养基于道德和价值的审美判断，提升青年一代对美的鉴赏品质，形成真实而审美的人生，是高中文化建设的使命；同时，校园的美感还体现着学院管理者所具有的人文修养。在建设情景交融、诗画一体的育人环境中，管理者所具有的审美设计和以物铭志、养心寄情的审美情怀，都能通过一草一木、一砖一瓦、一房一舍让学生置身诗景，缘景明情，得到审美体验。

（3）地域独特性

历史是城市的根脉，地域文化既是地方高中文化建设鲜活生动的源头活水，又是高中文化独具本土魅力的要素。因此，高中校园文化的形成、演进，其内外形态无不打上属地文化的烙印。地方特色文化不仅丰富了校园文化的内涵，更避免了高中校园文化同质化的倾向而异彩纷呈。

（4）渐进浸润性

学生在文化熏陶中成长，其思想品行因文化而在不知不觉地提升。按照循序渐进的原则，在以文化人的进程中，经由岁月积淀、内化修炼的素养，是通过量变的积累逐渐养成的，并伴随人们终生。从这个角度看，浸润具有建设方法和过程的双重属性。

（5）时代标志性

高中校园文化的时代性是指高中校园文化需要适应时代主题的变化，把握时代脉搏，弘扬时代精神，反映时代旋律，高中校园文化作为中国特色社会主义先进文化的重要组成部分，应紧扣时代脉搏、契合立德树人的时代内涵，承担起立德树人的神圣使命，突出新时代的文化特征。

（二）高中校园文化建设的原则与策略

1. 高中校园文化建设的原则

校园文化建设具有系统性和协同性，必须运用整体思维，使校园文化建设的规划设计，既自成体系又相对独立。宏观层面，以国家意志为准绳，引领方向；中观层面，科学规划校园文化建设，脉络清晰，规范严谨；微观层面，以班为建设主体，灵活多样，丰富生动。这种自上而下、自下而上的融合、呼应，形成了校园文化的有序、健康、和谐。多维并举，系统推进；互动融合，合力共育。

基本原则指开展工作所坚持的法则，是校园文化建设根据一定的观点、思想，从方法、内容、形式上应坚持的准则与规范。

（1）形神兼备，内外兼修

"神"是以确保校园文化发展坚定的方向；"形"指培育社会主义核心价值观的多样化形式，包括丰富的内容和多元的载体。内外兼修则指从顶层设计到构建校园文化建设基本框架，从环境文化建设到设计规范，从人才培养方案制订到课程建设、实习实训开展以及文化活动展示，都必须体现社会主义核心价值观的内化外显。

（2）寓情于景，情景交融

校园文化建设要自觉秉承"一切景语皆情语"的中华传统美学思想，深度挖掘校园文化的价值要素，立足于建设现代职业教育的时代要求，遵循开放式、立体化、以人为本的理念，坚持以形载神、情景交融的文化建设原则，着力打造具有诗情画意的校园文化工程，努力营造清新质朴、健康向上的文化氛围，实现环境育人的目标定位。

（3）多维互动，收放自如

多维互动是指文化建设主体自上而下、自下而上的相互呼应，是文化推动的一种组织形式。按照学校文化建设规划开展的文化系列活动中，必须始终牢牢把握意识形态的话语权，使校园文化既有主流声音，又富有特色与个性。收放自如是指从客观上对整个文化建设的掌控和驾驭。通过正确处理放与收的关系，使校园文化形态既有统一意志，又百花齐放、多元包容，在自觉遵守主流文化的价值底线中，传递健康、和谐、文明的正能量。

2.高中校园文化建设的策略

校园文化是基于学生健康成长而打造的精神栖息地，它有质朴的信仰和追求，有品德的修炼与砥砺，有情感的培育和熏陶，有审美的提升和体验。因此，思想、方法和情志是校园文化建设的关键，载体是高中文化建设的实现基础，高中教育必须在价值取向、道德观念和文化诉求趋于多元的新形势下，坚守文化方向，选择和培育优质载体，这是文化建设的重要基础。通过营造励志而又清新、有诗意的文化氛围，将生生不息的青春力量与时代精神有机融合，专业建设与文化建设有机贯通，这是载体建设的关键。

坚持主流性，加强对载体的判断和选择，要把其弘扬主旋律，传播正能量作为重要的价值标准。载体所演绎的文化，要能紧扣时代脉搏，与青春同行，展示最火热的时代生活和最蓬勃的青春岁月。坚持丰富性，从环境建设、课程建设、实习实训、文化活动等方面多管齐下，培养学生的辩证思维，提高他们的价值判断。坚持针对性，不放弃个性追求，必须找准高中学生思想的共鸣点和关注点，搭建学生喜闻乐见的载体，通过自由、开放、融合的平台展示，通过生动、丰富、多彩而具有教化意义的系列活动，让学生主动感受独特氛围。

（1）通过环境感知文化

优美的环境可说是学生进入校园后感受到的一种最直接的视觉艺术，它影响着其对学校的认识，能对学生产生持续的审美影响。校园的一草一木、一砖一瓦，都融注了教育者的情怀。学生进入高中得到的第一感受就是这所学校的校园环境带来的。

（2）通过课程教育培育文化

课程是校园文化建设的主阵地，是知识、技能、情感培养和传递的主战场，坚持文道统一，坚持专业文化课与公共文化基础课共融，坚持文化素养提升与职业能力培养一体化推进，是课程文化建设的重点。

第一，公共基础课与通识教育。公共基础课属于学科体系，培养学生良好的品格和高尚的审美意识，以及树立正确的健康观念，用人文精神濡染学生的心灵，最终形成影响其一生并适应岗位迁移需要的通用素养。

公共基础课的育人作用与专业文化的学习既有相同的目标，又有不同的侧重，它更关注学生个体成长所应具备的健全人格、思维品质、文化修养、审美情趣。它重在让学生在对优秀文化的学习和积累中进行人生意义的思考，对真善美、假丑恶进行评判与辨别，对自然予以关注与敬畏，对人类及自身予以审视与关爱，实现人文素养提升与道德践行的统一。

第二，教师与文化建设。教师是学校最重要的软实力，是传播文化的重要力量，教师对职业的敬畏，对技能的礼赞，对劳动的尊重，是育人树魂的基础，是其思想、修养、情感、学识、境界的体现，当他们以崇高的使命感和深厚的专业素养启迪和"滴灌"学生的德智体美劳，教书育人的活力效应会更为明显。从教育自身的规律看，文化传播更强调教育者的责任意识，检验着育人者传道解惑的担当、素养智慧的底气、文道并举的慧心，教师的专业化发展是学院特色形成的重要因素。

围绕教师素质提升和教师教学团队的建设，要求教师主动适应经济社会和产业发展，实现课程内容和教学方法与专业要求的对接，自觉实现专业化发展。学校高度重视教师的专业成长，长远规划，完善制度，建设一支适应职业教育发展的高素质教师队伍。

（3）通过文化活动传播文化

文化活动应突出主旋律，坚持多样化，并持续深入地开展，不仅能为学生提供展示青春风采的平台，更能对学生人格的形成产生潜移默化的影响。同时，开展文化活动还要注重常规性与品牌建设的一体化推进，自觉将常规文化活动与典型文化任务有机融合，既集中展示又贯穿始终，以文化的感召力凝聚学生，让多彩的校园文化活动成为学生的文化追求。

四、构建学校特色课程体系，切实推行素质教育

（一）全面掌握基础知识，开足必修课程

必修课程的设置关注了学生的基本文化素质，追求知识的完整性、全面性，为学生的一般发展奠定了基础。在安排必修课程内容上，传统的语、数、外都是必修课程的主要内容。尤其是技术课程、体育、美术课程等学校不重视的课程也要坚持开设，这些必修课程都充分体现当前"全面施教"的教育理念，是学生必须掌握的知识。我们应积极贯彻新课改的思想，把促进学生全面发展、培养学生的创新能力落在实处。

（二）落实综合实践课程，培养学生社会交往能力

综合实践课程，是我国基础教育课程的新生长点，它基于学生的直接经验，将社会生活密切联系起来，是活动课程的特殊发展形式。综合实践课程，是一个独立的课程领域，在设置社会实践课程的内容中，学校可根据新课程改革的要求，立足于本校的实际情况，自主研发编制实践活动课程的相关资料，引导学生参加各种类型的实践活动。

开设综合实践课程的出发点不仅在于提高学生的综合实践能力，而且有助于学生人格全方位的塑造。它将学科课程和潜在的课程完美地结合起来，使学生在知识、情感与技能等方面得到了有效的提高。

（三）积极开发校本课程，满足个性化需要

"校本"的内在含义是以学校为本，校本的具体内涵指的是，以优化学校管理以及破解教师日常遇到的问题为重点，教师综合考虑学校发展的实际状况，最大化激发学校发展潜能，更好地利用校园资源优势，不断协商、共同探讨、综合、研判，提出高质量的问题应对方案，开展专题式研究，对问题予以解决。同

时，将问题解决的成果进行高质量应用。

校本课程充分体现出校园办学的基本理念，它充分体现出当地的文化特色，是一种具有本体性的课程类型；它是建立在校园定位、资源禀赋、校园生活、文化内容等要素之上的综合课程。从所属层级而言，它属于三级课程的类型之一。

开发校本课程开发是为了助力学校更好地实现最终的教育目标，有效利用当前存在的各种教学问题，按照人才培育的基本定位，资源、技术等方面的大力支持，将能够被开发利用的资源充分利用起来。它需要校园工作者和其他工作人员的相互配合，合作开发。无论是在课程理念、教师专业素质还是在职业发展等方面，对教师的要求都是比较高的。因而，教师更多地参与到校本课程发展建设当中，不仅能够让他们的专业能力不断提升，还有助于地方课程与国家课程的推进与开发。

高中要依托校本课程的开发来实现学校多样化发展，学校应在确保完成必修和选修课程的前提下，积极探索开发出校本课程，满足学生个性化发展的需求。学校在校本课程的设置过程中，应坚持两大原则：①充分尊重学生的选择，做到无论选课人数多少都坚持开设；②鼓励教师开设有特色的校本课程，学校尽可能为教师提供充足的教育资源，并创造各种平台展示课程研究成果。

从高中的现实发展情况来看，其所在地理位置、学校历史文化传统、教学质量等方面的水平各不相同，重点示范学校与一般学校之间在办学理念和管理方式上也存在很大的差异。因此，高中学校的发展只能基于多样化校本课程的发展，不可能是千篇一律，统一步调的发展。

总之，在新高考背景下的高中教育，要适应个体和社会发展双重需要，要满足学生发展多样化的需求，就必须对学生进行针对性的教育教学。因此，学校应做到：①各校依据自己对教育哲学的理解形成自己的教育哲学；②依据自身的条件和所面对学生成长发展需求自主办学，自主评价，自主管理；有独特的历史传承，并经过特定的人及其自觉自主的办学行为传承下去；③由师生秉持精神自主教学、学生恪守自选做人做事的原则自主学习，逐渐汇聚达成自洽的学习共同体。

● 第二章

高中教育主体及其改革发展

人的主体性发展是人充分发展和社会进步的重要表现，高中教育主体是支撑高中教育改革发展的关键。本章对突出学生主体地位、发挥教师主导作用、深化教育改革影响、贯彻高考评价体系进行论述。

第一节　突出学生主体地位

一、学生主体性的表现

1.学生的能动性

能动，即能够动、有动的能力，"能动性是人的主体性最重要的内涵和最鲜明的表现，是人们能动地认识世界和能动地改造世界的实践能力和作用。"[①] 学生的能动性主要反映在学习的过程中，有明确的个人主观目的，且对目的有较为深入的见解，并且为了实现目的，对课堂内外的学习过程、环节能够有积极主动但有选择性地参与。

2.学生的自主性

自主性是指自己主动、有意识，有目的、有计划地去做事情的意思，这里重点突出的是主动、有目的、有意识、有计划。学生能够对学习产生自己的思考，并且不受外界干扰，不需要外界强迫或者依赖他人，并且能够自主采取措施管控学习过程，包括自主意识、自主能力两个方面。

3.学生的创造性

创造即改造、创新，创造性也称为创造力。创造性的体现方式有两种：发现与发明。发现是找到现实生活中已经存在而没有被人们所了解的东西。创新思维是最关键、最重要、最核心的一个组成部分。学生的创造性主要表现在三个方面：思维方式、能力、人格。

---

① 朱玲.新课程理念下如何发挥学生课堂能动性的研究[J].职教论坛，2014（35）：55.

二、以学生为主的学情调研策略

（一）深入有效把握学情分析内容

1. 提高学情分析认识的方法

一个人对任何一件事物的认知都有一个渐变的过程，一般来说，一个人对一个事物的认识都会随着知识的增加，而相应的能力和经验也会得到提高。学情分析的原理也是如此，对高中教师来说，要秉持发展的眼光，重视学生主体地位，这是他们对待学生的基本出发点。那么，高中教师应从以下方面展开学情分析：

（1）教师应积极展开与同行的交流，从而获得更多的学情分析方面的信息，这样就可以知道更多他人展开学情分析的方法、措施，进一步提升自己的学情分析策略和手段。以班主任教师为例，其拥有很多机会了解学生学情和其他科任教师教学情况的机会，就应该展开积极的学情比较分析，这样就能更好地开展学情分析。而科任教师则可以和班主任教师乃至其他学科的教师展开积极的交流，这样就能增加对学生、班级等学情的了解，同时科任教师还应加强与同学科教师的交流，了解同行的看法，这样能更好地开展核心素养培育。在展开学情分析时，教师即可以从学生的学习态度、兴趣爱好、学习方法等来深入对学生的了解，并从这些方面来激发学生的学习动机和学习能力。

（2）教师要积极拓宽学生的阅读面，让学生尽可能多地阅读不同领域的书籍，拓宽他们的知识面。不过教师自身就应丰富地阅读，这样才能更好地进行学情分析，而不会盲目地开展这项工作。而且教师还应加强这方面的理论学习，以便更好地开展学情分析。

（3）教师应积极利用信息技术，特别是应利用好现有的网络资源，在不断拓宽自身知识的同时，还能从方法上提升学情分析的效率。随着网络的日益发达，网络资源信息不断丰富，即使是偏远的地方也大都被网络所覆盖。在此情况下，教师要通过网络来展开学情分析和教学，要利用网络上正面的信息，以积极的材料来充实自己的课堂教学，而不是相反，然后以此提高自己的课堂教学水平。

（4）教师不仅应保持终身学习的习惯，而且还要积极从学生的生活中来挖掘教学素材，这样就能将自己的教学与现实生活结合起来，达到更好的教学效果。

2. 确定并把握学情分析的内容

（1）高中教师应对学生个体的现有的知识及其结构进行摸底、评估，在对班级内学生进行清晰认识之后，才能有效确定学生的学习状态，也才能更有针对性地展开教学。教师应从学科特点、知识关联性等展开这项工作，以便更好地发现不同学生在同一知识点下的不同学习情况，从根本上确定学生的学习特性。从某种意义上来说，高中教师的教学就变成了对每个学生进行基于知识、能力的一对一的知识体系的建构过程，毕竟良好的学科知识体系的建立是个体性的，只有每个学生个体都确立起来这样的学科性知识体系，才能让整个班级内的学生获得群体性成功。

（2）高中教师在了解学生既有的学习能力之后，就应据此展开深度学情分析，并将结果灌输到后期的因材施教策略中。这里所说的学习能力指的是高中生在学科上的基础性能力，这些能力不仅包括他们已经知晓的那些知识，而且也指的是对知识应用的熟练程度，只有知识掌握得好，内化的程度深，才能应用得好，才能举一反三地对知识加以应用，最终达到极为熟练的程度，并能够展开有效的创新。

（3）教师应从学生的特点出发，激发每个学生的学习兴趣，以此促进他们对学科的学习，让学习兴趣的教学催化剂价值得到发挥。教师应从学生的这些学习心理和学习特点出发，以不同知识在不同教学场景中的兴趣点展开课堂教学创设，从而达到对学科知识的讲授。

（4）摸清学生的学习需要，学生的学习需要不仅是教师教学的目的，也是学生积极投入学习的发动机。只有精准地确立学生个体一定时间内的学习需要后，才能更好地进行教学设计和教学实施，也才能让教师的辅导变得更有针对性，不会浪费有限的教育资源。而且教师在对学生的学习状态有清晰的认知后，也才能更好地确立每个学生的教学辅导计划，才能找到适合学生自主性学习的基准点，促进他们自主进行学习。

总之，上述四个方面内容是高中教师进行教学时应尽量考虑的内容。只有对这些内容有清晰的认知和了解，才能将高中生个体的学习个性、心理等因素与学习内容更好地结合起来，才能让学科核心素养培育得到更好的实施。学生的学科知识、学科思维与学习能力才会得到更好的发展。需要注意的是，高中教学学情分析的项目还有很多，为了更好地落实学科教学，教师还要在实践过程中，不断拓展自己的分析项目和范畴，不断提升自己的精准性，甚至展开理性的量化分析，如此才能更好地落实这项教学任务。

（二）理论与调研相结合，提升学情分析能力

1.多角度充实提升学情分析能力的途径

教师应从理论上不断提升自己，为教学打下坚实的理论基础，这样才不会让自己的教学行为偏离正确方向。高中学科应积极学习各种先进教学理论，将前人的教学经验吸收到自己的教学理念中来，整合到自己的教学活动中，对学生学习情况更加深入地了解。在具体的高中学科教学中，教学内容的选择面还是有一定空间的，不同的内容对高中生的学习价值是有差异的，学情分析领域的内容选择也是如此。即，教师在进行学情分析也要从教学内容、学生个体等情况来择取学情分析的具体内容。教师在这个环节是以高中生的学习兴趣、学习动机等来展开学情分析的，并非从高中生在该堂课上所要学的知识点为核心来展开。通过以这种问题为引导的相互交流，教师就能了解这些学生在课堂上不活跃的原因，并在稍后的教学中就应做出相应的微调。

下面将从"最近发展区"等理论来展开深入分析，力求为高中学科学情分析的内容选择等理清思路：

（1）从维果斯基"最近发展区"理论的角度来看，高中生既有的学科发展水平和可能发展水平之间总是存在一定差异的。高中教师应通过作业环节、课堂提问环节检测学生现有的知识和能力水平，展开科学合理的评估，从而确定不同学生在同一知识点下的发展水平，以及确立相应的教学或辅导策略，特别是问题的难易度等。在进行问题设置时，教师应对学生进行层次或类型划分，一般来说，学生可划分为三类：亦步亦趋型、灵活选择型、整体优化型。

（2）高中教师还要从意义学习理论来进行学情调查和分析。教师要用该理论来理清高中生个体已学到了什么知识内容，对不同知识点的掌握程度怎么样，对不同知识点的运用程度，等等。该理论最重要的特点是能帮助教师更好地认识到高中生既有认知结构和最新所学知识之间的关联性。从这种关联性来开展学情分析也是这种理论在教学中的价值点之一。在获得了学生个体的这些情况后，高中教师就能更好地以因材施教的策略展开教学。

（3）高中教师可采用人本主义学习理论来展开高中学科学情分析。高中教师

可从高中生的内在学习动力来展开学情分析，比如，不同学生个体的学习需要、学习目的、学习动机等，这个角度的学情分析能深度发掘学生的学习情感，从情感和心理的角度找到阻碍学习的原因。然后教师就能有针对性地找到激励学生的教学方法，更好地实现对学生个体的个性化培养以及其核心素养的发展。

2. 多方面参与有关学情分析的调研学习

（1）教师应将学情分析理论和教学科研活动整合起来，然后从学情分析工作延伸到教学活动。对骨干高中教师来说，他们有着长期的一线教学经历，能将自己的教学经验更娴熟地整合到科研项目之中，在学情研究项目上更是如此。学情研究项目具有很强的综合性，需要高中教师将学情分析理论与教学经验以及高中生的个体化属性综合起来思考，辨析，进而形成切实可用的学情分析思路和教学模式等。通过这种整合性的操作过程，高中教师的学情分析能力和教学水平就能得到显著提高。实际上，基于学情分析的教学科研既对高中教师的认识和能力有巨大的帮助，又能对高中教师的后续教学科研有强烈的推动作用。可见，高中教师在研究方法、研究渠道上的创新也能对学情分析工作有巨大的促进作用。

（2）高中教师在学情分析上，必须将虚心请教和自我反思紧密结合起来，这样才能更好地开展学情分析工作。高中教师对学情理论的学习必须长期坚持下去，不仅要通过传统的方式进行学习，而且要通过非传统的方式进行这类学习，如此才能尽可能地拓展自己的学情分析能力。

新任高中学科教师应积极向教学经验丰富的骨干教师学习，优异的教学经验是非常宝贵的，吸取这类经验，新任高中教师就能更快地提升自己的学情分析能力乃至教学能力。在学习其他骨干教师乃至专家的经验时，新任教师要以比较的思维，就不同的学情分析方法、学情调研手段等展开研究，找到最佳的分析模式，以便更好地投入到自己的教学工作之中。

善于学习和吸取他们经验的教师会快速成长起来，无论是在学情分析环节还是其他教学环节都能取得不错成绩，最终成长为一名具有创新精神的拓展型高中教师。拓展型高中教师不仅能自觉意识到自身在各方面的差距，积极展开教学反思，而且有能力、有毅力改进这些欠缺之处，不断提高自己的学情分析能力和教学能力等，最终成为一名优秀的高中教师。高中教师的有效自我反思方式有很多，教师应根据自己的情况选择最佳的反思方法，拓展自己的学情分析潜能。高中教师可采用与他人沟通的方式来进行反思，在与其他教师的交流过程中，高中教师能更好地发现自身的差距，并在其他人的帮助下更好地开展学情分析工作。总之，高中教师学情分析工作的有效展开，需要以积极自我反思来得到夯实，如此才能更好地提升高中教师的教学能力，快速形成独具特色的教学体系。

（3）高中教师应敢于转变教学思想，充分发挥学生在教学中的潜能。高中生在教学中的积极参与，以及与教学行为的良性互动，能极大促进学情分析工作的高效展开，因此高中教师应确立"以学生为中心"的教学观念，将高中生在学情分析乃至其他教学活动中的主体作用尽量发挥出来，将高中生在教学中的潜能发挥到最大，这样既能确保学情分析环节工作的精准实施，又能确保高中生的学习兴趣被调动起来，学习注意力被吸引到教学内容上，让核心素养培育计划得到切实落实。

高中教师要身体力行地与学生打成一片，从成为高中生的朋友开始，以构建和谐的师生关系来开展学情分析工作以及其他教学项目。毕竟只有真正成为高中生的朋友，成为无话不谈的交流对象，高中生才能将自己内心的问题倾诉出来，才能获得最真实的学情分析信息，让后续工作更好地得到实施。

（4）高中教师在进行学情分析时应胆大心细，要敢于不断尝试，这样才能获得最佳的学情分析结果。高中教师在进行学情分析时要从科学性出发，展开大胆假设，并基于实事求是的精神进行小心求证，这样才能获得最真实可靠的学情信息，同时要从学生的立场出发来进行学情信息深度研究。通过这种比对性的研究和长期实践，就能逐步形成富有自身特色的学情分析方法和模式，从而获得最佳的教学结果。

（三）明晰学情分析操作步骤，确定实践操作方向

高中教师应深入理解学情概念，只有深入理解这个范畴的各项内容，教师才能深度掌控学情分析环节中的各种问题，并有效纾解和拓展，让高中生的学习能力得到更快成长。由于班级内学生极为庞杂，高中教师不仅对班级的学情进行整体性掌控，而且要对每个学生个体都有清晰的了解，从知识理解、能力拓展、情感培育等角度来展开细化调研和分析，同时在后期工作中从这些方面来拓展学生的能力。为了更好地开展核心素养下的高中学科学情分析工作，高中教师可从文献整理、实践经验等来着手实施，其具体步骤一般大致如下：

1. 明确学情分析的目的

学情分析的目的包含两方面的内容：一是学情分析的目标；二是学情分析所要达到的目标。由于学情分析的结果总是具有鲜明的指向性的，能为高中学科的教学过程确立方向，所以教师要先确立这个目的或目标，然后才能进入下一步工作。而且学情分析目的还具有巨大的选择性，这是因为学情分析目的在很大程度上确定了每个学生的学情分析内容，这类内容越是繁杂，高中教师就难以将所有问题都考虑周到，因此学情分析的目的或目标应尽量精确。

学情分析目的包括：第一，确定高中生既有的学科知识水平；第二，确定高中生既有的学习能力水平；第三，明确高中生当下各方面的家庭信息，特别是教育信息，如回家后写作业的情形，以及将学科知识运用到生活中的情况等。在教师对高中生既有知识及其运用情况获得清晰了解后，教师才能更好地将既有知识与新知识结合起来展开教学，让教师在核心素养培育目标下不断整合高中生的已有知识，进一步提升高中生的学习潜力，扩大高中生的学科知识和能力范围。为了更精准地随时掌握高中生的学习情况，高中教师对考试测验法的运用也是必不可少的，这样教师能快速确认学生的知识掌握程度，以便稍后在教学中加以微调。

2. 确定学情分析的范围

高中教师对学情分析范围的确立可从两个方面来加以实现：一是教学内容，二是学情分析目标。

（1）高中教师可通过以下两个途径来确立学情分析的具体内容：

第一，反映高中生学习状态的内部因素。可以细分的部分包括：①高中生既有认知结构；②高中生既有能力基础；③高中生的学习动机。

第二，反映高中生学习状况的外部因素。可以细分的部分包括：①高中生学科的家庭教育状况；②高中生学科知识的社会实践运用情况；等等。

（2）高中教师对学情分析范围的确立，一方面，需要确认究竟应从哪些内容来构建学情分析；另一方面，需要让教材内容在一堂课上得到具体呈现，要保证所讲授的内容能对症下药，能有效化解学情调查所体现出来的问题。

（3）在完成以上两个步骤之后，教师应从综合运用的角度，择取教学内容并进一步选择最佳学情分析方法。教师应从学生个体的差异或群体性类型差异以及学情分析的具体内容来确立相应的学情分析方法，要秉持从学生个体、学习时间、学习环境等要素进行整合的原则来择取最佳分析方法和实施手段，以便更有效地开展这项工作，提升教学的绩效。例如，高中教师应从一开学就应展开学情分析，并在此基础之上明确规划出本学期的详细教学计划；教师在进行学情分析时不仅要从范畴上，而且还要从方法上进行规划设计，以便学情分析能更好地得到实施，持续、稳定地提升学生的学科知识和学习的综合性素养。

3.进行学情信息或数据的收集

（1）高中教师在通过以上这些手段确立了自己阶段性学情分析目的、学情分析内容、学情分析方法之后，还需要及时加以实施，因为不加以及时实施，不仅会耽误学生的学习，而且学生的学情本身就处于快速转变中，一段时间不加以施行，开始做出的学情分析结果就已失效。

（2）教师在收集学情信息过程中和处理学情分析事务，以及运用学情分析结果时要坚持实事求是的原则，就具体问题展开具体分析。

4.学情分类整理，制定应对方案和计划

（1）教师应就具体学情信息展开细化分析和分类梳理，并从班级和学生个体这两个层级展开方案设计和行动规划，而且教师还要采取统合性的思维来展开对实施过程中各种问题的管控，让班级整体和学生个体都得到最佳的学情问题分析及相关处理。比如，在课堂环节中以提问形式进行学情调查时，教师应从问题的难易度出发来选择学生进行回答，一般是简单问题让学困生回答，难度大的问题让学优生回答。通过这种灵活变通的处理，教师的教学方法、教学模式能得到快速发展和提升，教学效率也不断得到优化。

（2）高中教师在进行学情分析时，还应秉持普遍性原则，即所有的要素在所有范畴和领域内都要采取一样的原则，而不能有特殊和例外，这样才能保证最终得到的结果是公正的、科学的和合理的，也才能让高中教师的教学水平有显著提升。

三、学生的自我教育培育

（一）自我教育的特点

自我教育，是伴随现代社会生活方式而产生的教育方式，与传统教育方式相比具有自身的特点，也正是这些特点使它成为一种具有独特优势的教育方式。培养高中生的自我教育能力，要以激发高中生自我教育主体意识为基础，通过营造学校、家庭、网络等良好的外部环境，让高中生在良好环境的影响下，自觉产生自我教育的主体需求，改变被动的学习模式，激发起高中生自我教育的内在的自主性、能动性和创造性，自主安排自己的教育活动，积极主动地投入到自我教育中。高中生在自我认知的基础上，全面了解自己的长处和不足，明确自己的目标和方向，确定自我教育内容和方法，遇到问题和挫折时能及时有效地选择合适的途径进行自我调适，正确应对困难和挑战，能对教育的过程和结果进行反思，及时调整教育方法，使得自我教育能力切实得到提升。

自我教育的特征主要包括以下五个方面：

1. 直接性

任何教育模式都是中介性的，除了自我教育是直接性的。

直接性是指：一方面，教育主体无须借助其他力量就可直接认识教育客体；另一方面，教育方式上直接以自身体验为切入点，排除了中介性、中间性，跳出所谓的"价值中立"的科学思维方式，进入到价值领域中，具有表现为政治立场巩固和道德境界的提升。

自我教育过程中，作为改造对象的主观意识成为直接认识、作用对象，不再依赖于物质形式的载体。传统教育模式中，面对众多教育对象，教育者需要借助其他力量和途径才能把握其大概情况，不能确保准确把握教育对象的全部情况，而且教育的规划也是多依靠单方面制订的。由于实践经历不同，教育对象不一定能对教育活动产生共鸣，对教育内容的接受与理解程度就会打折扣。

自我教育是在个体切身感受的基础上自己设定和实施的，实施的教育有明显的针对性，实施过程中的情况也能及时反映到教育活动的操控者那里，并及时做出修正。既作为教育对象又作为教育主体的个体由于参与了自我教育，积极关注整个活动，对于教育活动产生了强烈的期待和信任感，接受过程中的心理阻碍会减少，接受效果会更明显。这是传统教育模式所不能达到的，因为传统教育模式中，教育者与被教育者分别为两个具有主体性的个体，而且二者活动范围也不同，相互把对方视为一个外在存在。这种形式的理想信念教育活动的设定、规划、实施及评定都是由另一个独立的个体执行的，与教育对象的实际情况会有很多的偏差，针对性不强；而作为教育对象的个体也会把施加于自身的教育力量视为对自己的异化，产生抵制心理，这就会导致理想信念教育活动的低效。而自主自为的自我教育则能够打破教育者和教育对象之间的障碍，加深双方的信任，增强理想信念教育的针对性和实效性。

自我教育者的直接性是建立在自我体验的价值真实性之上的。自我教育个体自主自为地进行理想信念教育活动，自己的实践经历与体验成为调动情感的最直接的依托，自己的切身经验提供了最好的教育材料。自我教育的直接性对于自我教育的意义就在于增强了针对性，调动了情感，提高了教育效果。事实证明，自我教育个体越能真实认识自我，越能提高情感认同，就越能增强教育的针对性和实效性。

任何个体都是关注自我发展多于关注他人发展，作为一般的教育者也是如此。常规教育中教育者对教育对象的关注相对较少，而且是以关注自我为跳板来关注教育对象的。自我教育中的教育者的关注是对于主体和对于客体关注的高度统一，这从主观动机上就使得自我教育比其他教育更有优势。

2. 终端性

终端性是指自我教育在整个教育活动中可以视为教育环节的终端，是对外在教育的承接和深化，是外在教育产生作用的最终决定环节。自我教育机制的终端性是从理想信念教育的过程和结果上来讲的，自我教育处于理想信念教育过程中的末端，理想信念教育的最终结果是使受教育者进行自我教育。

自我教育的激发与进行是外在教育进入个体注意范围的关口。自我教育的终端性是外在教育生效的标示，对于理想信念教育具有重要意义。对于没有个体的自我教育，理想信念教育内容往往就被挡在教育对象的主观世界之外，不能真正入脑入心。只有激发和促进自我教育，打开通向教育对象内心世界的门扉，让教育对象在自己开垦的土壤里自主播种、耕耘、收获，这样才能增强理想信念教育实效性。

3. 相对封闭性

相对封闭性是指自我教育系统中，自我教育的教育者和被教育者统一于同一个体自身，在个体范围内就可以构成教育矛盾关系，开展教育活动，无须外在力量的过多涉入。同时，这种封闭性是相对的，自我教育个体可以在自我范围内开展教育，但仍需要外在教育者的引导、干预以及外部环境的支撑，完全独立于环境的自我教育会陷入主观专断的误区从而迷失方向和影响进程。

自我教育之所以具有相对封闭性，从根本上说是由于人类意识的特性决定的。进行自我教育的个体本来就是在特定社会环境中进行活动的，需要外在环境的信息和物质的交流作为支撑。同时，由于个体自身的局限性，在一些环节上还不能独立完成或者独立操作，这会造成理想信念教育的偏差和误区，必须要外在教育者发挥主导作用干预、指导，推动自我教育朝着良性方向发展。

自我教育系统的相对封闭性对自我教育的开展具有重要影响。一方面，封闭的系统使得自我教育个体可以脱离外在教育者的直接参与，自主独立实施理想信念教育，减少了外在教育者的工作量，更重要的是给予个体更大自由发挥的余地，为主体性提供了空间；另一方面，封闭的相对性要求自我教育个体必须始终关注环境的反馈信息和外在教育者的指导，不能主观臆断地实施教育活动；作为自我教育的监控者的外在教育者也必须紧密关注个体的自我教育活动，对其及时、准确地引导。

4. 自主自为性

自主自为性是自我教育的最基本特征之一。自主自为性是指自我教育过程中，自我教育从发起到实施以及完成和实现，自我教育者都在其中发挥着主体作用，所有教育行为均由自我教育者本人独立完成或者主要依靠自己完成。

自我教育是一个在自我教育者本人自觉意识指导下的自组织过程。这种自组织过程是主体思想发展自主性、能动性的高度体现。自主自为性是在个体主体性基础上形成的。自我教育的自主自为性以个体自我意识的成熟为基础，成熟的自我意识使得个体不仅能够审视外部世界，还能够省视自身。自我意识使自己与外界区分开来，清晰地认识到自己，关注自己，自我成为个体思考的出发点和落脚点；同时也意识到自己是可感知世界唯一的可支配者，只有通过自己的实践才能变革世界、变革自己。自我教育过程中，原先被视为被动接受对象的个体开始自己主动操控教育过程，自己全程实施整个教育活动，教育计划的设定，实施、评价和调节，无不是个体自己承担的。于是自我教育个体成为教育活动的设计者、实施者和感受者，担当起教育者与被教育者的双重角色。在这两种角色的自由转换中，个体的思想实现了嬗变。

5. 全时空性

全时空性是指自我教育对教育环境的全面适应性，它可以在此时进行，也可以在彼时进行；可以在此地进行，也可以在彼地进行；可以在这种环境下进行，也可以在那种环境下进行。自我教育者可以随时随地对自己进行教育，因为自我教育中教育者与教育对象是物质统一、精神统一的，教育者与教育对象存在于同一时空，不仅可以全程掌握对象的情况，而且也可以随时干预对象的思想与行为。

（二）自我教育的一般规律

1. 自我教育过程中，个体受外部刺激规律

运动性是一切事物存在发展的根本特征，自我教育体系构成要素之间也有着联系，环境和外在教育者在自我教育的全程中与自我教育者进行着物质与信息的交换，不断实施着对个体的刺激。这些来自不同源头的刺激在自我教育的全程不断地发生着。刺激源是多个方面的，既有外在教育者，又有社会环境和物质环境。这些刺激由于来源多样性，相互之间不可避免地会出现冲突，对原定目标也会产生不同的影响。具体而言，外在刺激如果与目标同向，就会对自我教育产生积极促进作用，反之则会造成自我教育体系的紊乱，影响自我教育的进程；如果刺激之间并行不悖，相互促进，就会形成强大的合力，积极推动自我教育进程，而相互冲突的刺激指向不同方向，会导致自我教育体系紊乱，个体无所适从，严重的还会对个体造成精神上的损伤。

同时自我教育过程中的稳定性对于自我教育的稳步进行具有重要意义。人的行为是在不断的刺激下获得动力的，具体的目标的实现过程中，一旦原有的刺激流中断，个体的行为就会由于缺乏直接的推动而停滞。个体会由于缺乏刺激感到原有目标不再具有现实意义而将它剔除出目标体系。

在自我教育过程中，外在教育者充当着监督者与指导者的角色。外在教育创设的理想信念教育环境是自我教育的重要环境依托之一。在自我教育激发阶段，外在教育者不仅向个体发出、输入和理想信念教育目标的刺激信息，同时还利用掌握的资源条件对与理想信念教育目标不合的刺激信息进行阻隔。在个体自我认识、自我设计阶段，外在教育者虽然不直接参与，却可以应个体的请求或主动帮助其认识自我、设计自我。

在践行与调控阶段，外在教育者还担任着监督、评价自我教育活动的任务，与个体的自我评价不同，外在教育者的评价主要是从外在角度进行的。他不能深入个体的内心世界了解其思想状况，但却可以凭借掌握的有关知识经验，根据对个体外在行为和状态表现对自我教育的进行情况进行判断和效果评估，也可以通

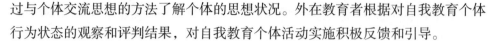

过与个体交流思想的方法了解个体的思想状况。外在教育者根据对自我教育个体行为状态的观察和评判结果，对自我教育个体活动实施积极反馈和引导。

外部刺激规律启示人们：

（1）外在教育者要努力加强对各种刺激的过滤与控制、引导。外在教育者要积极构建一个有利的理想信念教育环境，发出正向刺激推进个体自我教育的正向发展，对于不能掌控的外在教育环境的刺激要尽力过滤掉不良信息，对于原始刺激进行引导，使其有利于促进自我教育的发展。同时要对自我教育的刺激进行控制，排除不必要的信息刺激，过多的刺激，无论是否与目标一致都会有负面影响。

（2）对于自我教育的个体来讲，主要是增强识别能力、加强意志力和抵制干扰的能力。

2. 自我教育目标体系的向心性与变动性规律

自我教育目标的形成基于自我认识，自我认识又是在外部刺激作用下产生的。由于个体实践活动的具体性，特定实践是针对一部分对象的活动，而且，具体的外部刺激携带的信息量不会过多，只能是对于个体的具体方面的反映和刺激，这决定了具体自我教育过程的目标是针对单方面或少数方面的而不是全方位的。

从整体上看，在不断来自各个角度的刺激作用下，个体同时进行多个具体的自我教育过程，这些具体过程的目标构成一个同向体系，这个中心就是个体的全面发展或者说是自我实现的终极目标。在这个目标体系中，具体的目标指向中心目标，在方向性上具有统一性。由于个体的自我选择的作用，任何与终极目标不符的具体目标都会被排斥在外。在指向终极目标的前提下，各具体的目标也应该是并行不悖的，否则具体目标之间会因为具体指向的差异发生冲突，影响自我教育的具体进程和整体进程。人的思维内容体系具有融贯性，当具体认识之间有冲突的时候，人们就对它们做一些限制、修改，最终实现所有认识之间的融贯。

目标体系是处于不断的变化中的。一方面，个体一直处于外在刺激的作用下，新的目标不断地被提出；另一方面，作为阶段性的活动，原有具体自我教育过程也会在一定条件下阶段性结束。不断有新目标加入，旧目标被剔除，个体的自我教育目标体系处于不断变动状态。但是这种变动是相对的，自我教育过程的进行与完成必须是以体系的相对稳定性为前提，否则过于频繁的变换使具体自我教育过程不能有足够的时间展开与完成。而且在个体的选择过程中会对由刺激产生的目标进行甄别和取舍，保留少数目标来执行，或者归靠到原有的目标上，作为对原有目标的修正与细化。目标体系的向心性与变动性规律启示人们：

（1）自我教育者要加强对目标体系的选择规划，使其既与终结目标一致又使平行的具体目标之间不冲突，形成一种诸多小目标同心指向大目标的合力状态。

（2）外在教育者要紧密关注个体的自我教育进程，在自我教育阶段性结束后，除了给予积极性反应外，还要针对个体情况施加新的刺激，以激发新的自我教育过程的开展，使自我教育不断在新的层次上进行。

3. 理性因素与非理性因素共同作用规律

在自我教育过程中，感性认识和理性认识同时参与和发挥作用。感性认识处于与刺激接触的第一环节，能迅速将刺激信息传达给自我以供其决策。在自我教育激发阶段，感性认识的范围和强度决定着个体是否会发起自我教育。在自我教育发展过程中，感性认识仍源源不断地将信息传给自我，以便对调节行为提供根据。理性认识在自我教育过程中也起着不可替代的作用，它作为最高级的认识具有科学性，是决策的最可信赖的依据。从对外界信息刺激的分析和决策，到自我认识和自我规划，再到自我践行与调整、自我评价，理性认识都在起着基础作用，尤其是理性认识作为个体行动的依据，更从根本上决定着自我教育的发展方向。

情感意志和价值取向，作为一种"内驱力"，为实践活动提供动机、目的和意图，并经过理性的中介升华为信念与理想，赋予实践活动自觉追求真理的力量；理性思维和语言符号，提供了从观念形态上处理、存储和传播的能力与载体，显示了理性认识作为最高级的反映形式的品质。

自我教育过程中，二者也是处于矛盾斗争阶段的。在具体的思维与决策过程中，感性认识与理性认识都试图把自己作为决策的依据，指导个体的行为。尤其是在个体进行调控阶段，感性认识更倾向于以个体的直觉和惯性为依据指导行为，理性认识则试图用经过思考的知识经验为依据指导个体决策，双方都在争夺对于个体行为的控制权，而斗争的结果则决定着自我教育的方向和具体进程。

理性因素与非理性因素共同作用规律启示人们：在自我教育过程中，必须把感性认识力量与理性认识力量都调动起来，才能促进自我教育的良性发展。自我教育的主体要把加强自身的理性认识和感性认识的掌控运用能力作为一项重要工作来看待，积极提高自己的认识能力。外在教育者也要充分利用这两种力量来积极促进个体自我教育。

（三）自我教育的作用环境

自我教育个体分化为主我和客我，二者相互作用，构成了一个相对独立的系统。此系统并不是也不能孤立存在，而是存在于一定的环境之中。从系统论观点来看，自我教育环境是将其内部组成的各个要素综合起来形成一个合力，以特殊的方式作用于个体认识的形成。

环境对自我教育的作用是非常重要的，情感教育和情感培育必须在自我教育环境中进行，不能离开，自我与理想信念教育环境自成一体，人触景才能生情，自我教育必须在环境中进行才能取得切实的效果。自我教育者的主体性只有在具体的环境中良好发挥才使得自我教育从可能变成现实。自我教育个体经常在这些环境中活动，直接接受来自这些环境传递的信息、物质和能量，这些环境发出的刺激更受个体的关注，更容易影响个体的思想与行为，决定着自我教育的具体走向。一方面，这些交流联系是直接的，传递内容是明确的；另一方面，这些环境的交流在自我教育系统即自我教育个体所接收的信息中所占比重较大，因而，其传递的信息对自我教育系统影响最明显，是影响自我教育进程的主要因素。自我教育机制运行的正常与否会改善或破坏环境，环境本身的变化也会改变自我教育的运行。

（四）学生自我教育的实现

1.学生的良性自我教育目标

高中的良性自我教育是个体按照特定的标准来改造主观世界，是个体不断向思想教育标准趋近的自我改造的过程。良性自我教育就是指人的全面自由发展，这是良性自我教育的最终目标。

明确了良性自我教育的最终目标，它的方向性也就明确了。依据是否和教育总目标一致，可以把自我教育分为"正方向"的自我教育和"负方向"的自我教育。"正方向"的自我教育就是与思想教育总目标一致，有利于个人发展又有利于社会发展的自我思想教育，也就是良性自我教育。

自我教育是为了自我调适、自我发展的需要而产生的。这种自我教育不以教育环境为依托，属于完全的自主行为。随着信息社会到来，发布各种信息的主体以及载体，由于各自代表的利益集团不同，各自有不同的价值取向，在这种信息环境下，必须有良性的自我教育能力，以避免被发布信息的主体和媒体的取向所误导或牵着走。

2.学生的良性自我教育方法

（1）外在教育者进行积极引导

外在教育者对于自我教育具有重要影响，外在教育者对教育内容、教育方法和相关技巧经验的掌握情况，外在教育者与自我教育个体的关系，外在教育者的行为都会对自我教育活动产生影响。外在教育者影响自我教育的途径有两种：一是通过控制环境间接影响，自己也作为环境的一部分；二是直接对自我教育个体进行干预。如果从外在教育的途径提高自我教育效果，外在教育者可以在以下三方面作为着力点：

第一，加强掌握和运用理想信念教育内容、方法和相关知识。外在教育者的主导地位就体现在对于思想教育内容、方法的运用上，只有熟练掌握这些才能够发挥主导作用。外在教育者要想在教育对象的自我教育活动中保持主导地位，必须更加主动积极地关注教育对象的自我教育活动，积极通过各种途径施加影响，对自我教育进行引导。

第二，与自我教育者建立互信、和谐的关系。外在教育者与自我教育个体同处理想信念教育环境中，在时间与空间上有交叉点，这为其积极引导、干预自我教育提供了可能。社会交往主体之间的关系会影响相互之间的态度和交往效果。外在教育者如果希望其引导、干预行为不受抵制，就必须与自我教育个体建立良好的关系。只有双方建立互信、和谐的关系，外在教育者才能更好地发挥指导作用。

第三，在行为实践上做好榜样示范。自我教育是在自我教育个体范围进行的理想信念教育活动，外在教育者的表率成为一种重要的潜移默化的引导方式。外在教育者要在与自我教育个体的交往中严格约束自己，做好表率，以自己的具体行动对自我教育个体产生感召、示范作用。

（2）深入社会实践

实践是人类与社会发展和完善的动力。任何人脱离实践都不可能获得真知，也不能实现自身的发展。社会实践是理想信念教育的重要环节，具有不可替代的作用。

社会实践是个体的能力素质形成的基本途径，自我教育个体的知识、行为和思维能力也是在具体的社会实践中形成和发展起来的。自我教育作为教育活动本身就是一种社会性的活动，不能离开社会实践的支撑。社会实践对其内容起着重要的检验作用，同时，社会锻炼还可以使得人们对自我教育的内容的理解变得具体化、形象化、多样化、立体化，并在实践中丰富自我教育的内容。加强个体的社会实践可以增强自我教育个体能力素质，可以为自我教育拓展空间，从外围间接地推进自我教育的进展。

3.学生的良性群体自我教育

自我教育是自己教育自己的实践活动，主体是自己，客体也是自己。"自己"即"自我"，这里的"自我"有两种层面上的指代对象，既可指代单独的个体自我，又可以指代群体的自我。所以自我教育也就表现为两种类别：个体自我教育和群体自我教育。不同时期提出自我教育思想中的主体和对象略有不同，这是由于具体历史条件、语境差异造成的。总体而言，自我教育的主体是生理心理达到一定成熟水平，同时还作为社会成员处于社会环境中的个体。在群体自我教育形式中，主体是处于特定组织中的具有平等关系的个体集合。

上述都是以个体自我教育为主要切入点的研究和论述，实际上，群体自我教育也是自我教育的重要形式。自我教育思想在诞生之初，最先指代的就是群体自我教育，而且群体自我教育涉及的人数较多，更需要组织和引导，在实践上可操作性也更强，已经成为理想信念教育的重要形式。

（1）群体自我教育

群体自我教育是把范围从个体扩展到在群体范围内的自己教育自己的活动，是群体内部发生的自我教育。群体可分为正式群体和非正式群体，本节关注的是正式群体的自我教育，主要是指理想信念教育环境下的群体自我教育。群体自我教育有多种表现形式，一般而言，集体学习和讨论、演讲、竞赛、参观访问等是主要的表现形式。在群体自我教育中，教育关系扩展到了群体内部独立的个体之间。群体自我教育实际上还作为个体自我教育的环境影响个体自我教育进展。群体自我教育发生过程中，个体与其他个体相互交往，不断接受来自群体内部其他个体给予的刺激信息，这些信息作为外在刺激影响着个体自我教育的进展。

与个体自我教育形式相比，群体自我教育具有很多特点，主要表现在以下三方面：

第一，群体自我教育是主体间的相互作用，发生作用的依据主要是群体对个体的制约和影响。群体自我教育中，群体内部个体之间是主体间关系，一方面，相互独立的个体具有鲜明的主体性，有独特的观察视角，具有自主的思想和态度，进行着个性化的实践活动；另一方面，个体还受来自周围同类个体传递的信息影响，在相互交往中相互影响、相互制约，不断调整自己的思想和行为。这种教育形式发生作用的方式主要是利用个体之间的模仿、感染、竞争以及群体环境对个体的熏陶、制约而达到教育的目的。

第二，群体自我教育具有鲜明的主题性，在过程上具有独立性。群众性自我教育的开展主要是为了端正群体成员对具体问题的态度，形成统一认识。一般而言这种形式都是围绕具体的主题开展的，主题性读书活动、主题演讲、组织竞赛都是理想信念工作中的常见形式。主题性这一特点也决定了群体自我教育过程具有独立性，在一定时间内围绕一个主题，一旦这一教育活动结束，就不会像个体自我教育那样在新的基础上再继续进行。

第三，群体自我教育是在个体之间发生的，具有外显性，更有利于理想信念教育组织者进行观察和调控。这使得群体自我教育在实践中更容易操作。在具体实践中，外在教育者在群体自我教育中发挥着组织和控制的主导作用。

（2）良性群体自我教育的特点

第一，主题鲜明，有吸引力。群体形式的自我教育是主题性很强的教育活动，一次群体自我教育活动搞得好不好，很大程度上取决于教育主题是否鲜明，是否对于群体成员具有吸引力。只有主题鲜明才能凸显出理想信念教育活动的方向性，才能针对现实问题，解决现实困惑，只有吸引力强才能充分调动群体成员的主动性，积极参与教育活动。

第二，成员之间结构合理，主体性得到充分发挥。群体自我教育之所以必需，是因为群众之间思想上存在先进与落后、积极与消极、正确与错误等差别，知识技能上存在着会与不会、高与低、熟练与不熟练等的差别，开展自我教育活动可以使群众之间在思想上、知识技能上以及经济上互帮互助、互教互学，所以群体结构的等级差别性对教育效果具有重要影响。

第三，组织规划有力。组织规划更多地是外在组织者的行为，因为群体自我教育需要同时将众多个体集中起来组织教育，就必然要借助组织机构的力量，不能缺少外在组织者的作用。主题的选定、人员的组织、物资的配备，以及在活动过程中的调控和引导，都离不开外在组织者。从这个意义上讲，外在教育者在群体自我教育中作用的发挥程度决定了群体自我教育活动的成败与效果。

（3）良性群体自我教育的实现

实现良性群体自我教育，可以从以下三个角度入手：

第一，群体中个体应当增强主动性，提高自身知识能力素质，加强民主精神。主体性的充分发挥是自我教育开展的前提，群体自我教育作为个体自我教育的扩大形式，同样离不开个体主体性的充分发挥。个体之间的相互教育、相互影响也要求群体中的个体具有一定的文化知识、道德素质和政治素养。提高个体素质是增强教育效果的前提，而且这些素质是有所差异的，否则就不会有个体之间的相互帮助、相互教育。民主精神是影响个体主体性发挥的重要因素，一个没有民主意识的个体不可能在自我教育活动中发挥积极主动性，也就不能在相互交往中客观地对待他人，这会影响自我教育的效果。

第二，群体自我教育开展需要一定的物质条件作依托，同时更不能缺少的是群体成员的准备，组织者要仔细选择安排骨干人员，在自我教育中主动积极发挥引导、模范作用，让群体自我教育有计划、有方向地开展而不至于陷入"无计划，无主导"的境地。必要时，外在组织者还要利用其特殊身份，直接对群体自我教育进行调控和引导，确保自我教育活动按计划有效开展。

第三，集体组织是自我教育的主要载体。长期组织自身建设是全体成员充分发扬民主和主人翁精神的基础，只有处在一个民主、开放和谐的群体环境中，群体自我教育的参与者才能真正发挥主体性，达到自我教育的效果。最终来讲，这还是需要群体普通成员和组织管理者共同努力才能实现。

四、建立科学学生评价模式

（一）建立学生评价模式的依据

为了掌握学生的学习情况与日常动态，学生评价成为教育领域最常用的评价手段。测验是目前使用频率最高的学生评价工具，除此之外，其他方法也可以用来评定学生的个性发展情况、思想品德状况以及学业成绩。作为最容易吸引教育工作者注意的常规任务，学生评价有助于教师了解学生最近发生的变化情况与学习进展情况。

1.学生评价的类型划分

划分标准不同，学生评价类型也存在差异。目前，常见的学生评价是根据学生的学习表现评估学生的学习潜能。

根据学生的学习表现评估学生的学习潜能，鼓励学生积极进取，促进学生全面发展，是构建学生评价体系的根本出发点。观察并记录学生的学习行为与日常表现，并借此评估学生的学习态度与学习兴趣，这种考察与评判学生个性素质和综合能力的评价方法即为通常表现评价。

最佳表现评价结果与通常表现评价结果不可以互相替代。借助能力倾向测验与学业成就测验得到的学生评价信息，不能作为评判学生日常行为与个性素质的参考依据。

在正常开展课堂教学活动的过程中，可以了解学生取得的学习成果以及需要改进的缺点，这些反馈信息主要来自形成性评价。

在课堂教学活动稳步推进的过程中，借助访谈与测验等手段，查明学生反复犯错的原因，并由此形成高度专业化的评价内容，这种评价手段即为诊断性评价。

课堂教学活动结束后，为了判断教学目标的实现程度，并为教学策略调整提供有效信息而形成的学生评价类型属于总结性评价。

2.学生评价的重要作用

教师在教学过程中合理使用学生评价形成的反馈信息，有助于提高教学活动的针对性。总体来说，学生评价对教学活动的促进作用，主要表现在以下方面：

（1）有助于教师把握课堂教学方向

学生的学习起点在某种程度上规定了教师课程讲解的边界。借助提问、作业检查、测验、谈话等手段，实施预备性评价，既可以帮助教师了解学生的预习情况，也有助于教师在阐述课程价值与意义的过程中，做到有的放矢。

（2）有助于教师调整课堂教学策略

教师完成课程单元讲解任务以后，为了判断学生课程知识点的掌握情况以及教学目标的实现情况，需要实施总结性评价，了解学生的学习成果与既定教学目标之间的差距，并以此为基础，及时做出科学合理的教学决策调整。比如，总结性评价结果显示，学生的知识掌握情况与既定教学目标存在较大差距，面对这种情况，教师在开始讲授新的课程单元前，既需要面向全体学生开展教学补救工作，也需要针对知识掌握情况特别不理想的学生，采取个别辅导措施。

（二）建立教学评价模式的有效策略

为了使高中教育能够取得更好的效果，真正实现立德树人的目的，需要建立行之有效的教学评价模式。

1.实现评价主体多元化

学生评价需要教育管理部门、学校、教师、学生、家长共同参与，形成多元主体评价机制，这样才能真正让学生感受到自己的学习状态，自己管理、自己评价，才能让学生主体性得到充分的发挥。

2.实现评价内容多元化

一方面，单一的评价应转向对德、智、体、美、劳各方面全方位的评价，综合考评学生的品德修养、道德认知、世界观、行为能力等多方面内容；另一方面，学生的生活是丰富多彩的，学生通过学习改变的生活态度、言行举止，以及社会实践都可以作为评价的内容。

3.实现评价方式的多元化

改变过去注重终结性评价的方式，转变为终结性评价和形成性评价结合。改变重结果轻过程的现状，转而评价学生整体的学习过程，在过程中产生的变化、发展都值得关注。

改变单一纸笔测验的形式，采用多种方式相结合。教师要各种熟知多种教学评价方法的特点和优势，灵活选择和运用，让学生能够作为参与者融入教学评价之中，充分发挥每种方法的最大价值，从而能够客观、准确、全面地评价学生，从而发挥教学评价导向和促进发展的作用。

4.实现评价结果的多元化

评价要将过程性评价和形成性评价相结合，着重评估学生解决情境化问题的过程和结果，反映学生所表现出来的核心素养发展水平。

考察学生在学习过程中是否真正形成了学科核心素养，掌握知识的同时是否发展了能力，有赖于对学习过程的形成性考察与评估。

5.构建新型师生关系

教学是一种师生交往互动的过程，师生关系好坏也直接影响到学生学习的积极性、主动性。良好的师生关系不仅能够有效发挥学生主体性，也能促进教学相长、共同进步。

（1）尊重学生个体差异，区别引导。作为一名合格的教师，不仅仅要尊重学生的人格，更要尊重学生的个性。学生的发展本身就具有个体差异性，教师必须正视这种差异的存在，区别引导。

遵循学生身心发展特点和规律，因材施教。班级不同学生的认知水平、能力层级都有差异，因此教师在教学实施中，教学内容要因"材"而异，不同的教材内容有不同的价值，可以充分挖掘其中的思想因素，激发学生的个性潜能和创造力。此外，还要充分发挥高中教育的积极作用，克服消极影响。

（2）充分保障学生的权利。在日常教学中必须保障学生的话语权，教师必须做到充分尊重并保障学生的话语权，让学生能够在课堂上真正做主人，能够大胆提出想法、见解，从而激发学生的内在积极性，培育创造性人格。

（3）加强对学生的人文关怀，以人为本。教师只有多和学生交流沟通，才能在实践中贯彻落实人文关怀。

第二节　发挥教师主导作用

教师的主导作用，是指在教学过程中，教师处于支配性的地位，在很大程度上决定教学效果的作用。在高中教育中，教师是课堂教学的组织者，是知识的掌握者、传授者。教师主导可以优化课堂结构，提高教学效果，规范学生的学习方式，使学生的学习方式从被动学习向主动学习发展。

为了发挥教师主导作用，需要教师提升课堂、语言、形体方面的核心素养。提升高中教师核心素养，不仅仅是为了教师自我成长和自我完善，更是为了更好地培育学生学科核心素养，帮助学生成长并且树立正确的世界观、人生观和价值观。核心素养的提出本质上是为满足当前学生的发展需求，而培育和发展学生核心素养离不开教师。

一、发挥教师主导作用，提高课堂基础教学能力

（一）提高教师的教案书写能力

1.教案的书写格式

教案是教师经过备课，以课时为单位设计的具体教学方案。它是教师对所要讲授的内容在教学目标、教学进程、教学方法等方面以文字的形式组织起来的事物。教案的设计和书写在整个教学中起着重要的作用，它本身就是教学组成环节之一，同时书写教案的过程也是教师对教学内容进行的重新分析与组合，并赋予其条理性、逻辑性，从而使整个教学过程有序地进行，进而促进教学效率的提高，减少教学的随意性。

（1）教案的结构与格式

教案的结构是指构成教案构架的必备项目和结构。随着教案的不断发展，有的还增加了一些内容，如教材分析、教学指导思想、教学方法及教学反思等内容。一般而言，教案的格式可分为条目式的教案、表格式的教案以及两者融合式的教案等。

第一，条目式教案。条目式教案是以教案中的条目为框架而书写的教案，每一个条目后面都有其相对应的内容和解析，它的特点是教师可以根据教学思路对每个条目的内容进行合理的取舍，进行或详或略的叙述。

第二，表格式教案。表格式的教案以表格的形式呈现，可以使整个教案看起来规整清晰，富有逻辑感。表格式的教案也是根据教案的基本结构来设计表格的类型，然后把相应的内容填入表格，它的特点是设计灵活，提示性强。

第三，条目式和表格式相结合的教案形式，也是现在比较流行的教案呈现形式之一。一般而言，把教学内容、教学理念，教材分析教学目标、教学重难点、学生分析以条目的形式呈现，把教学过程以表格的形式进行呈现。教学过程一般而言书写起来比较烦琐，以表格的形式可以清晰呈现教师活动、学生活动以及设计这些活动的意图。其实。无论哪种格式的教案，最终的目的都是为教学服务，只是呈现的形式不同而已，教师在撰写教案时，可以根据自己教学的具体情况和实际条件进行合理、得当的取舍和应用。

（2）教案的设计准备

撰写教案的目的是教师能够对教学进行理性的设计和把握，便于教学活动的

组织与展开，更好地实现教学目标，提高学生的学习效率。而撰写前的准备工作是很重要的。

教案的准备工作主要是指在写教案前对教学内容的分析、学情分析、教学方式的选择、教学过程如何组织等问题的准备工作。这些准备工作就是教案的构思和设计过程，而书写就是把这些构思以文字的形式表达出来的过程。其中构思是最重要的，这是能否写出一篇好教案的关键因素之一。只是把教学内容、教学目标、教学重难点、教学过程简单地罗列出来也可以组成一篇教案，但它一定不是好的教案。

（3）教案的书写技能

教案的书写主要是对教案包含要素的具体描述和表现。

第一，教案的用词。教案各个组成部分的内容在表述上是不同的，一般有教学目标、教学重难点、教学过程等部分，其中教学目标和重难点是比较难以叙述的。教学目标，在一节课中一般有三条即可，大致以三维目标为导向进行论述，注重行为动词的使用。对于教学重难点，可以不用行为动词，直接陈述出教学内容即可，但在重点的确定上要多加考虑。一般教学重点多是从教学内容的知识结构来考虑，教学难点多是从具体的学情来考虑。

第二，教案的简繁及格式。教案内容的字数没有严格要求，一般教师可以根据自己的实际情况而定，如教师的教学能力和个人书写风格。又如教师对教学的思路与过程已经熟记于心，而且具有长时期的教学经验，这时就可以采用简略式的教案，即只需写出教案的纲要。

而对于教学经验不足的教师则需采用详细的写作方式，对教案的各个条目都进行详细的描述。一般而言，越简略的教案赋予教师自由发挥的空间越多，灵活性也越大，反之则越小。同时每个教师都有自己的教案书写风格，有的教师喜欢简略式的，有的教师喜欢详细式的。

关于教案的格式，其中最基本的几个条目在每次教案中都要出现，如课题题目、教学目标、教学重难点、教学过程等，而对于其他条目教师可以自己斟酌进行合理的取舍。总而言之，教案在教师的教学中具有提示作用，教师可以根据自己的能力、喜好等因素来设计，以设计出便于自己使用的具有自己风格的教案。

（4）教案的反思技能

反思在教师教学中有很大的重要性。教案的书写也是如此，要进行不断的反思与总结。因为课堂实际教学具有复杂性。教案是教师在课前的准备工作，是对教学的预期构思和设计，但在具体的教学中，教师面临的是一个个具有独立思维和个人意识的学生，他们可能随时对教师的教学内容和方式提出疑问，这些就成为课堂教学中不可预见的因素，造成课堂教学的复杂性，所以对教案的反思也就成为必然。

教案是教师根据自己的个人意识和在教学经验积累的基础上进行设计的，在不同时间段和环境下，教师的思维可能会发生变化，会对原教案的设计产生怀疑和改编。这个过程也是对教案反思的过程，会使教案更加趋于合理。更好的教案就是来源于教师对教案的不断反思、质疑与修改。

2.教案中教学评语

（1）教学评语的作用

教学评语是在教学过程中教师对学生的学习和表现所给予的评价语言，它分为口语语言和书面语言，书面语言也叫批语，一般是以作业批语、操行批语等形式呈现。

教学中的评语主要是指教师对学生学习的评价语言，主要见于对学生最终学习情况的评价，以及对学生平时书面作业的评价等方面。随着教育观念的不断进步和教学素质的提高，教学评价的功能也越来越趋于多元化，评价除了对学生具有诊断作用外，还具有激励作用、指向作用、交流作用。

第一，激励作用。评语不仅对学生学习表现具有简单评价作用，更重要的是具有激励作用。和一般的等级、分数的评价方式相比，评语对学生的学习更有激励作用，那些机械、单调的分数和等级只是对学生学习水平的判断，学生很难从中看到自己的优劣，而评语则可以补充这个不足，尤其是书面的评语则可以详细地评价出一个学生的优势与不足，学生从教师的评语中得到对自己的认识，是通过自己现在的学习结果和以往学习的比较而得出的，是用"过去"的自己与"现在"的自己做对比，对比产生的成就感将成为他学习上的内在动力。而分数、级别的评价方式也可以使学生从中看到自己的进步或退步，但是学生更容易把自己的成绩放在整个班级中，和其他学生做比较来看待自己的位置，若是分数较低，或是排名太靠后，这些结果会对学生产生消极的影响。

第二，指向作用。评语是学生了解自己学习状况的一个重要途径，学生从同学对自己的评价、教师对自己的评价中来了解自己，进而以别人的评价为依据来进行自我评价，学生从中可以看到自己的不足，进而调节学习进程，把这作为接下来努力的一个方面。同时灵活的评语书写方式和格式也使学生易于接受自己在学习中的不足。中学生的自我意识较强，他们对于强制性、命令性的语言易产生反感心理，而对鼓励性、建议性的语言乐于接受，所以，教师富有建议性的评语在很大程度上可以得到学生的认同，强化学生学习的积极性，对学生的学习起到明确的指向作用。

第三，交流作用。书面性评价语灵活的格式和形式可以发挥沟通交流的作用，评语可以是对学生的学习活动进行分析与总结，还可以是对学生的学习方式学习态度、学习兴趣的询问，还可以是向学生提出改进学习的途径。教师可以使用抒情、幽默等不同风格的语言进行书写，因此在很大程度上评语成为教师与学生之间的一种交流方式，而不是教师单向的个人评价。同时，评语也可以成为家长了解学生具体学习情况的一种方式，增进教师、学生、家长之间的联系，使家长根据学生的学习情况有针对性地采取适当的措施，有效地配合教师的教学，以提高学生的学习成绩。

（2）教学评语技能

首先是树立正确评价观念。观念决定着教师的行为，树立正确的评价观念是教师在写评语时应该首要解决的问题，有了正确的观念才能够对学生的表现给予正确、客观的定位和判断。

第一，明确评价的目的。教师的评语是为了让学生对自己的优缺点有一个全面、正确的了解，指出自己在学习上的优势，指导自己还需要强化的地方。同时激发学生的学习动力，用富有鼓励性、建议性的语言来激励学生的学习，当学生从教师的语言中感受到学习的美好，有了学习的愿望时，教师的评语才真正发挥作用，所以在写评语时一定注意语言的正确使用，不要用一些负面的、具有打击性的语言来作为评语的内容，即便是学生身上存在很多缺点，也要用学生易于接受的方式进行表达。

第二，树立正确的师生观。明确了评价的目的后，需要对师生的角色有一个合适的定位，有了正确的角色定位，教师在评价时就会正确、客观地看待学生的表现，进而写出合适的评语。在教学中，教师是课堂的引领者、指导者、合作者，学生是课堂中的成长者、学习者，教师和学生之间是平等、民主、合作的关系，不存在权威与服从、命令与执行的关系。所以教师写给学生的评语也应透露着民主的信息。

其次是合理把握评语的尺度。合理把握评语的尺度是教师在撰写评语时应该遵守的一个原则。

第一，客观的评价语言。教学的评语要根据每个学生的实际情况进行书写，既不要夸高中生的优点或是掩饰学生的缺点，使其产生骄傲的心理，也不要责备高中生，出现有损学生心理的语言。

第二，真诚的评价态度。教师的评语应该真诚、中肯、平实，使学生能从教师评语的字里行间感受到教师对自己学习的关心。教师在评价时要对学生一视同仁，不要对某位学生有意见就戴着"有色"眼镜来看学生，而要保持一个为人师应有的态度。

最后是能够体现评语的魅力。多用优美的语言以发挥评语的评价优势。

第一，发现学生的"美"。多元智能理论提出，每个人都有九种智能且每个人都具有自己的优势智能与劣势智能，这就意味着每个学生都有闪光点，教师要善于发现学生身上的闪光点，以此来激发学生的学习兴趣，教师就需要通过深入的调查和观察发现学生身上的亮点。

第二，书写学生的"美"。如对于一位很胆小的学生，她在课堂上总是不敢大胆地表现，教师的评语可以是"你是一个漂亮，上进的学生。在课堂上总是能看到你对知识渴望的美丽眼神，教师多么希望你能积极地参与音乐表现，把你对知识的理解漂亮地展现在大家面前"。对于一位极有天赋却学习不积极的学生，教师的评语是"成功是勤奋和大才的集合体，缺一不可，如此有天赋的你再加上勤奋这双翅膀，定能使你在天空上自由地翱翔"。

（二）提高教师的板书设计能力

教学板书能力对于教师而言是必需的，这也是评判教师的一个标准，因此教师需要不断增强教学板书能力。板书的好坏与教学质量息息相关，同时美观的板书可以影响学生的审美能力，调整学生的整体学习态度。在教育教学过程中运用板书也可以突出教学重点，让课堂更加生动形象，激发学生学习的积极性。同时不同形式的板书可以让学生对知识有不同的理解与记忆，拓展学生的思维。因此，一个好的教师需要具备一定的板书能力，并要不断提升此方面的能力，让教学更具效率。

教学板书能力的训练目标可确定为：①提高对教学板书意义的认识，重视板书，把板书当成课堂教学重要的辅助手段；②能够说明教学板书的作用；③能够熟练地运用实例说明教学板书的基本格式、原则、技术要求，并掌握一些基本的书写和绘画技能；④能够运用板书的有关知识，准确、有效、灵活地进行板书；⑤能够处理好写与讲的关系；⑥能够对自己和其他教师的板书做出实事求是、富有建设性的评价。

1. 板书设计的作用

在多媒体辅助教学不断发展的今天，越来越多的教师深刻地认识到，在教学活动中，板书绝非可有可无，课堂教学板书具有以下作用：

（1）增强语言教学效果

作为口头语言辅助工具的板书，能简明扼要、提纲挈领、条理分明地把教学内容表现出来，使视听两种感官相结合。由于板书和口头语言两种信号的协同作用，使得口头语言所表达的内容更明确、更突出，因而能取得更好的教学效果。

（2）揭示知识的结构体系和内在联系

板书是随着教学进程逐步出现的，它的主要意图是揭示教学的结构体系和知识之间的内在联系。在教学过程中，板书内容随教学的时间顺序而先后出现，体现了知识的结构。完整的板书内容所揭示的就是知识的体系，而其中联结内容的文字、符号便体现了知识之间的内在联系。

（3）突出重难点，便于记忆

好的板书设计可以让整个教学框架更清晰明了，让学生可以高效率并连贯地接受所学知识，增强学生的归纳能力。板书可以概括整体的知识体系，将中心思想更清晰地表达出来，便于学生提炼教学精髓，让复杂的知识逐步简单化，更容易被学生理解。教学板书是整体教学活动的精髓，学生可以通过板书直接明白教学内容的重点，找到整节课程的核心，同时学生还可以根据板书来做相应的笔记，便于课下学习与反思，为后期自主学习奠定坚实的基础。

（4）教师不断提升教学板书能力可以有效提升学生的注意力

目前多媒体教学虽然应用得很多，但是在教学过程中速度过快，学生没有深入地体会就进入下一环节，不利于学生记录知识要点，领略中心思想。教学板书的运用可以很好地避免此类缺陷，让学生对整体的教学内容有更深入的回味，课下可以根据板书内容深入了解其中的意义，其简明扼要的思想更能让学生提升学习效率。有序的板书可以促进学生双向思维的发展，增强学生自我学习、自我思考的能力。

板书中的文字、符号等均会因为教学内容的不同而有所差别，所呈现出来的组合、颜色等也多种多样，在教学活动中可以有效吸引学生的注意力，促使学生积极主动地去学习新知识。当然板书以画的形式出现还可以有效刺激学生的视觉，从而减少其疲惫心理，让其在授课过程中可以更集中精神，快速将学生引入教学情境中。如有的教师简笔画较好，一笔就能生动形象地画出某种动物或植物的形态，学生就会集中全部注意力，兴趣浓厚地观察教师画的每一个步骤。在学生赞叹之余，教师不失时机地提出问题让学生思考，就能较好地启发学生的思维活动，根据板书得出科学的结论。

2. 板书设计的优化

教师在教学过程中需要不断提升板书设计，板书设计不同于简单的罗列，需要根据教学内容去进行构架。教学板书的设计与编排可以让学生从中快速找出重点难点，高效率地完成学习任务，提升整体的教学效果。

（1）板书设计意识

这里重点阐释教学板书设计中的教材意识。钻研教材包括两个方面的要求：一是掌握教材体系；二是了解每个教学内容。教材体系是板书设计的重要依据之一。尤其应该注意的是，只熟悉本学期教的一册是不够的，因为知识的传授和能力的培养都是前后关联的系统，如果忽视了这一点，就会割裂知识的传授和能力训练各阶段之间的内在联系。所以，在进行板书设计之前，必须了解这样一些内容：教材编排的系统，各册教学的内容，本册教材所处的地位，双基教学的任务，思想教育的要求，课型的特点，单元教学的重点等。这样才能从整体上把握教材体系，从而避免教学设计的随意性，使板书设计具有科学性。

（2）板书设计方法

第一，从钻研教材题目入手。有的课文题目往往是课文内容的概括、文章中心的揭示。从解题入手设计板书有如高屋建瓴，能收到事半功倍的效果。

第二，从分析课文的篇章结构入手。文章结构清楚了，板书也就纲举目张了。如果教材的结构比较明显，可抓住中心立意性部分设计板书。

第三，板书的设计还可以从钻研课文中关键段落中的关键词语入手。一篇课文里的重点段落往往有许多关键词语，而这些词语既是学生应该掌握的内容，又是突破重点或难点的关键。这些词语找准了，板书的设计就灵活了。

板书的设计没有固定模式，不同的科目、不同的教学内容，其板书都会有所不同，任何课文的板书都是对内容的提炼。因此教师应该在钻研教材上下功夫，板书的设计要紧扣教材，不能只追求形式上的花样创新。

3. 板书设计的提升

教师要不断提高自己的板书能力，为提高教学质量服务，可以从以下方面入手：

（1）利用好黑板

目前，一般教室的黑板都由四块玻璃板组成，中间 1/2 ～ 3/4 的位置写主板书，包括章节标题及主要内容，但一般不写到底，留下 15cm 左右，以免后面的学生看不到。其他位置的 1/4 ～ 1/2 写副板书，即写一些提示性内容及辅助性图表、符号等。

（2）注意板书与板图位置

在教学中，板书常与板图结合在一起使用，在设计时要统筹安排。一般而言，板图画在黑板两侧，但不宜将反映教学主要内容的板图放在黑板的边缘位置。使用小黑板或挂图时，板书应根据情况而定，若使用时间较长又要遮住部分黑板时，被遮住的部分不宜板书；若使用时间较短，使用完毕后应及时取下，以免影响下翻板书。

（3）注意板书的书写

第一，书写格式。

标题的位置。居中：鲜明集中，统领整个教学内容。靠左：从头开始，明确内容顺序、过程。

大小标题的序号。标题的序号是内容层次结构的反映，表现出各部分的关系及条理性。标题序号的顺序一般为："一""（一）""1.""（1）""①""A.""a."等。注意：带括号的序号及标题后面没有标点符号，其余都有标点符号，大多使用圆点。

第二，粉笔字书写的方法。

执笔方法。写板书宜采用捏、挡和指实、掌虚的三指执笔法，倾全身之力于笔端。捏，是用拇指、食指第一关节的指肚捏住粉笔下压；挡，是用中指指肚侧上方将粉笔挡住，上顶。这样用三指就可牢牢控制粉笔，其余各指自然弯曲于掌内。由于粉笔质脆易折，执笔位置距笔前端不要太远，约 1cm 处即可，笔平卧于掌心，粉笔与黑板保持 30°~60° 的夹角。指实是要切实捏住粉笔，便于用力，避免字迹不清。掌虚能保证手腕灵活，运笔自如。

书写姿势包括头平、身正、臂曲、足稳。

头平：面部与黑板始终保持平行，以保证视线齐平，这样写出的字才能横平竖直，行款整齐。否则，写出的字可能变形。

身正：身体要保持正直，不要左右偏斜。由于黑板是固定不动的，所以不但要保持身正，身体还要随着书写不断平移，保证每一行字既不"上楼梯"也不"坐滑梯"。

臂曲：手臂自然弯曲，使臂、肘、腕、指力量均匀地抵达笔端。左手或持书本，或空手下垂，或轻按黑板。

足稳：两脚要分开站稳，若两脚平行，可与肩同宽，若两脚前后分开，步幅的大小要视能否站稳而定。要站稳，身体距黑板一尺左右较好。太近，易后仰失去重心；太远，易前倾站立不稳。

第三，字的大小。在一般的标准教室内，每个粉笔字写 7cm×10cm 大小为宜，以保证后排学生能清晰辨认。

（三）提高教师的新课导入能力

导入是教师在一项新的教学内容和活动开始前，引导学生进入学习状态的行为方式。导入新课是课堂教学重要的一环，如何引导学生尽快进入学习的状态，情绪饱满地投入学习，这是教师应该了解并熟练掌握的技能之一。因此，他们根据不同年龄学生的心理特征和教学任务的需要，熟练运用教学规律和原则，灵活采用各种教学手段，在课堂教学伊始，就能很快让学生进入角色，这是一种教学艺术。

1.导入功能

（1）集中学生注意力。对于学生而言，每一堂课都是一个新的开始，但是一节课的时间较短，若要充分发挥课堂上有限时间的最大效率，每节课的开头就显得极为重要。当然，只要教师导入得法，就能将学生在课前参加各种活动时的兴奋和热情转移到学习中来，全身心地投入课堂学习。

（2）激发学习兴趣。精彩的导入能唤起学生浓厚的兴趣，这种兴趣能很快转化为一种期待，它使学生怀着迫切的心情、强烈的求知欲，进行新课的学习。

（3）联结新旧知识。新知识、新技能的学习总是以原有知识和技能为基础的，利用联想可更系统地理解和掌握新知识。导入新课，如采用复习旧知识或原先练习过的技能开始引入新课，能起到温故而知新的效果，促进学生的知识和技能的系统化。

（4）相互尊重与理解。师生的相互尊重、相互理解是构成融洽和谐教学气氛的基础。同时，教师的情绪也会直接影响学生的学习情绪。因此，教师在导入新课时必须注意师生间的情感交流，教师饱满的情绪、热情洋溢的语言、亲切的目光等，都能感染学生。这样学生才能在和谐愉悦的气氛中接受训练。

2. 导入技能

（1）导入技能训练目标。①了解课堂的导入类型和基本要求；②导入实践时做到：迅速集中学生注意力，激发学习兴趣，启动学生思维，让学生明确学习目的，顺利、自然地进入新课。

（2）导入技能训练程序。①学习和研究导入技能的有关理论。②学习、分析范例。一般有四种方式：阅读导入教案、见习其他教师的课、观看录像片、指导教师亲自示范。③编写教案。编写教案时应思考：为什么选择这种导入方法？导入方法与课题内容、目标有何关系？导入方法是如何促进学生学习的？选材是否恰当？这个课题你能否用其他方法导入？教案是否紧凑，逻辑是否严密？④导入实践。组成微型课堂。由教师、学生，操作人员等组成，6～10人为一组，也可用大班形式进行。课前由受训者简短说明课题导入的目标、导入类型、导入设计简介。⑤教学反馈。说明导入实践与原设计的不同，实践中出现的问题，感受、体会，导入目的、内容和任务完成情况。

（四）提高教师的教学设计能力

教师要做好教学工作，必须对教学进行设计，所以，教学设计能力是每位教师从事这一职业所需的重要技能。对教学活动进行设计早已有之，只是设计的观点不同、方法各异而已。

1. 教学的目标设计

教学的目标设计有利于促进教师与教师、教师与学生、教师与家长等之间的交流。如果教师能够明确地把教学目标写出来，这样就不仅方便了自己授课，还方便了学校有关领导及时了解该教师的教学计划等。教学目标的设定还加强了教师与学生之间的沟通，学生能够很快地明白教师授课的目的，进而更有针对性地学习。另外，家长了解了教师的教学目标之后能够配合教师完成教学计划，共同教育学生。

面对学生课堂上的问题，教师应从容应对，迅速确立教学目标，从而去追求最佳的教学效果。教学目标的设计要明确具体，教学目标的重点应说明学生行为或能力的变化，即教学目标应是可观察、可测量的。如果目标是含糊不清的，无法观察，无法测量，就无法在教学中具体操作。

2. 教学的过程设计

教学过程的本质，是在教师引导下的认识过程和促进发展的过程。教师在进行教学时必须注意矛盾，也必须解决矛盾。这就要求教师提出的任务符合学生的认知水平，能够满足学生发展的需要，学生在进行一定思考和探究之后能够完成这一任务。

学生的认知是由不知到知、由知之较少到知之较多、由知之较浅到知之较深的过程，它是从感知到理解，再从理解到运用的过程。同时学生掌握知识的过程也不是简单的、直线前进的，而是复杂的、螺旋式上升的。虽然教学过程属于认识过程，但它又具有自己独特的特点。

（1）认识对象的间接性和系统性

在教学活动中，学生的认识对象是教材。教材是前人总结概括出来的系统性知识，属于间接知识。学生在学校学习主要是通过间接知识去认知世界，改变自己的主观世界，但是学生在校学习并不意味着其脱离实践，这需要教师的重视，为学生获得直接经验创设条件。

（2）认识的被动性和主动性

学生学习前人经验的过程是在教师的指导下实现的。学生在心理和生理上不够成熟，不能对知识进行有效分析并加以吸收，所以教师在教学活动中以主导者的身份出现。所以学生学习的过程具有被动性。但是，完成教学任务，实现教学目标，离不开学生的独立思考和主动学习。教师不能变指导为灌输，必须把自己的主导地位与学生的主体地位有机地统一起来，才能很好地完成教学目标，实现学生的全面发展。

（3）设计教学策略

第一，以问题为中心。在教学中，教师不仅要帮助学生带着问题走进教材，而且要引导学生提出问题走出教材。提出问题通常表现在两个方面：一是质疑问题；二是发展问题。质疑问题是就学习中的某一问题提出与众不同的想法，属于商榷型、完善型的学习活动；发展问题是依据自己对某一问题、现象或材料的观察、分析、综合、类比、推广、概括或抽象，从而提出有价值的尚需进一步思考与研究的问题，属于创造型的学习研究活动。

第二，关注学习方式设计。学习方式，是学习者一贯表现出来的学习策略和学习倾向的总和。要建立和形成能充分发挥学生主体性的多样化的学习方式，促进学生在教师指导下主动地、个性化地学习。教师将随着学生学习方式的转变而重建自己的教学方式。转变学习方式就是要转变学生被动接受性学习的状况，使学生的主体性、能动性和独立性不断生成、发展；就是要转变学生的学习态度，变"要我学"为"我要学"，养成良好的学习习惯，培养学生对学习的责任和终身学习的能力；就是要改变学生的学习状态，由接受性学习转变为发现性学习，让学生参与到学习过程中去，调动起学生学习的热情。因此，设计教学策略要关注学习方式的设计。

第三，从学生体验出发。课程不仅是"文本课程"，更是体验课程，从学生的体验出发是新课程教学的重要原则。任何知识经验的获得和应用都和一定的情境有密切的关系。教师教学策略的设计，还需要有学生的参与。学生参与教学是全面地参与，包括教学的全过程，而不仅是其中的某个环节，学生的主动参与离不开教师的引导。教学是师生交往互动的过程。互动教学的实现途径是对话。要有效地运用这一策略，首要的是更新观念，也就是要深刻认识教学过程是师生互动交往的过程，是师生共同探求新知、教学相长的过程，是师生共同成长的过程，是师生体验课程、对课程进行创新和开发的过程。

二、发挥教师主导作用，提高教师教学语言能力

（一）提高教师的口语表达能力

教学口语，是指通过口头表达的教学语言，是教师用于进行课堂教学的工作用语；是教师根据教学内容，针对学生的心理特征，使用规定的教材，按照一定的方法，在有限时间内，为达到某种教学效果而使用的语言。

教师的课堂口语表达技能是教师课堂教学的基本技能，是教师职业的工作语言。教学口语表达技能训练是教师口语训练的有机组成部分。教师的讲课效果很大程度上取决于教师口语的表达技巧。教师口语训练一方面使我们了解教学语言的特点和要求；另一方面使我们通过训练掌握教学口语的表达技巧，从而有助于我们的课堂教学。

教师的教学口语将会受到教学情境、教学对象和教学手段等各个因素的制约。任何语言必须依托于具体的话语情境来展开。教学口语则受到教学情境的制约。任何一堂课，其教学情境均取决于教学目标和教学内容。课堂上的一切语言都是为了教学任务的完成而服务的。

教学口语的目的是让学生更好地理解和接受，因此，课堂上教师的"讲"要符合学生的不同年龄特征和不同的接受能力。同时，在动态教学的互动中，对教学口语要不断地进行调控和变化。不同的学科，因知识结构的不同，往往会采用不同的教学方法和手段。教学口语就必须和这些教学手段、方法紧密配合。不仅要考虑说话的内容、方式，甚至语音的音量大小和强弱都要考虑。

教学口语是教师必备的基本功之一。当然，教学口语作为教师的职业语言和日常口语有着明显的区别。教师的教学语言虽属日常口语，但与随想随说的日常交谈有区别。教学口语是经过转化的书面用语和经过优化的口头语的结合。它是以有声语言为主，辅以态势语，具有一般口语的特点。教学口语受到教学内容、教学目标的制约，没有日常用语的灵活性和随意性，但是其表达能力上比日常用语更规范、更严谨，更具有教学艺术性。

1.口语表达的特性

（1）教育性

对教师而言，教书育人是最根本也是最主要的工作之一，应当体现在各个学科的各个环节之中。教师要用自己的语言，在讲授知识的过程中，有机地潜移默

化地进行思想教育。既不能脱离教材做空洞的说教，也不能忽略教育使教学知识化。在进行思想教育的时候，要善于运用具有哲理性的语言，采取民主的态度，要以理服人。

（2）规范性

教学的根本目的是向学生传授知识、技能和方法。知识的准确性、技能的明确性和方法的科学性，要求教师在使用教学口语时必须是规范的。规范性首先表现在语言的形式上，即语音规范、语汇规范和语法规范。学校及其他教育机构以普通话和规范的汉字作为基础的教育教学用语用字。作为教师的职业语言，要做到语音规范，用标准的普通话进行教学，答疑解难，使用规范的普通话语汇，不用方言词、生造词，以及不规范的网络词；词句的组织要符合语法习惯，以经典的现代白话文著作作为语法规范，避免搭配不当、省略等不规范语法现象。

规范性其次表现在语言的内容上。教学口语不等同于日常口语，任何一门课程，其目的是传授知识。为了保证准确、高效的教学，教学口语应当明确、真实、无歧义、清晰准确地表现教学内容。

（3）针对性

语言是一门艺术，语言的对象是特定的。在不同年级、不同学生的课堂里，如果采用千篇一律的教学语言，我们很难想象这将会是怎样的一种教学状况。教学口语因为面对学生的年龄和个性差别的不同而呈现出不同的语言形式：具体，或者抽象；直接，或者含蓄。针对不同学科，甚至是同一门学科不同的教学内容，课堂教学口语都会表现出不同的语言特色。正是因为教学口语的针对性才使得各学科呈现出不同的特点，使我们的课堂呈现出丰富多彩的课堂效果。

（4）科学性

科学性是指教学口语应当准确、精练，具有逻辑性和系统性。教学口语传递的是某学科的教学信息，各学科都有自己的特有概念、规律和范畴，无论是传授人文知识，还是传授科学知识，都要做到意思表达准确，不能模棱两可，含混不清，否则容易出现误解的错误。

教学语言并非互相独立，而是互相联系形成语言链。语言链条要清晰，不能前言不搭后语；语言的层次要清楚，结构有条理，抓住重点，突出精华，而不是挂一漏万，以点带面。

（5）启发性

启发性是指教师在教学时，通过教师的启发诱导而使学生有所领悟。好教师强调讲解，注重示范，善于启发。所以，教师在教学中不应采取"灌输式"的教学方法，不要把教授知识的量作为衡量教学成效的唯一标准，而应当注重学生思维的发展、智力的开拓。这就要求教师运用教学语言的时候，应当注重启发、开导、设疑和点拨，注重问题的情景和创设，给学生留有思考的余地，重复调动学生的好奇性、积极性和主动性。同时要注意运用的实际，才能真正发挥教学语言的启发性作用。

（6）口语性

教学口语是一种有声语言，教师的教案、讲稿，只有转化为口语的教学语言，才能通俗易懂，深入浅出。一味地用书面语言，甚至是深奥难懂的概念术语，无论如何都是不能打动学生的。要用自己的话把课本上的东西讲出来，要发挥，要有声有色。

（7）生动性

生动活泼，富有情趣，充满艺术效果的课堂教学语言，能有效地调动学生的学习积极性，提高学习效率。口语的生动性包含教学口语的情感性，教学口语的艺术性，教学口语的机智性和教学口语的多样性。

语言是最具有情意性的，尤其是教学口语，时刻受到教师情感的影响。教师是人类灵魂的工程师。教师在授课时，要对学生投入全身心的情感，热爱学生，关心学生。用真挚而诚实的情感，用充沛而饱满的感情去讲课，去感染每一个学生。

教学口语的艺术性，是指声调抑扬顿挫，语速快慢适中，具有节奏感。在教学中，生动的语言，能有效地配合教学内容，既满足学生的听觉需求，又可以有效地调节课堂气氛。如果一堂课都用一种声调，一种节奏，没有起伏，没有轻重，学生就不会有美的感受和体验。课堂上，根据学生的反应，根据教学内容的难易，当快则快，当缓即缓，从而显示教学内容的难点和重点，广度和深度。

在课堂上，面对各种学生的课堂反馈，教师应当巧妙地应用教学口语，适时地引领学生解决问题，同时又能激发学生的学习积极性，尤其可以体现教学语言的课堂评价语言的运用。

2. 口语表达语言的类型

（1）导入语言

导入语言就是一堂课的开场白，是教师为了让学生从非学习状态转入课堂学习的准备性语言。导入语言短则一两分钟，长不过五分钟，尽管简单，但却是课堂的教学中的重要环节。好的导入语言能把分散的思维一下聚拢起来；好的导入语言能激发学生学习兴趣，沟通师生的情感，促进学生的思考。导入语言可以是一个故事、一首歌曲等。对于一堂课而言，开头的重要性是不言而喻的。合适的导入语言应注意以下四点：

第一，简洁明快。导入语言是一堂课的开始阶段，是引领学生进入正题的一个教学环节。它只是一个前奏，不可能成为教学的主体。学生的注意力往往集中在课堂的前十分钟。在这个环节中，教师既不能长篇大论，更不能夸夸其谈。无论是开门见山的导入语言，还是激情导入语言，都要做到简明扼要，时间最好应当控制在 5 分钟以内。

第二，形式灵活，注重创新。别开生面的导入语言能吸引学生的注意力，思维活跃，发挥学生的主观能动性，增强学生的参与意识，使学生自然地进入新课程。所以说，教师要针对不同的学科、不同的教学内容、不同的学生、不同的教学环境，采用不同的导入方式，精心设计导入语言，不能盲目套用。

第三，目标明确，提高效率。作为课堂教学的有机组成部分，导入语言的设计也应当紧密围绕教学内容，为突出教学重点而服务。有的教师仅仅把导入看成是激发学生的手段，所以在设计导入语言的时候，只注重方法的多样性，而忽视导入环节的实质性作用。在教学中，所有的教学环节都应当为教学服务，在有效的教学时间内，要达到最佳的教学效果，就必须要考虑如何让每个教学环节都能发挥最大的教学效果。

第四，注入情感，创设情境。在教学伊始，精心设计的导入语言，除了集中学生的注意力外，还有一个非常重要的作用，就是让学生同教师的情感产生共鸣。

（2）讲授语言

讲授语言是教师较系统、完整地阐释教材内容的教学用语，是课堂教学中最主要的教学语言。

（3）提问语言

提问语言是以发问的形式，唤起学生进行思维活动而使用的语言。课堂教学过程，本身就是一个提出问题、分析问题、解决问题的过程。所以，提问是课堂教学的常规教学手段。好的提问是深化知识的阶梯，是触发灵感的引子，是培养理性的契机。

（4）应变语言

应变语言是指教学过程中，教师针对突发的情况，为调整师生关系、保证教学的顺利进行所采用的课堂语言。课堂教学本身就是一个动态生成的过程。在教师、学生和文本的交互和对话中，会出现许多教师预设之外的情况。这就要求教师在教学过程中根据各种情况，灵活运用应变语言，机智、巧妙地调控教学活动。应变语言是教学智慧和语言智慧的表现。当然，这是教师长期进行课堂教学实践而获得的较高层次的教学口语能力。

（5）结束语言

结束语言又叫作断课语言、结尾语言，是课堂教学即将要结束，教师对这堂课的内容做归纳或引领学生利用所学知识进行拓展迁移所使用的教学口语。结束语言在教学中所起到的作用是多样化的，在授课过程中，教师所讲解的知识点往往是分散的，教师为了让学生对所学的知识有个完整的印象，可以利用结束语言对所学知识进行归纳总结，起到提纲挈领的作用。再有，临近下课，学生的注意力往往会分散，因此一个精心设计的结束语言，可以重新激发学生的兴奋点，从而获得好的教学效果。讲课也如写文章一样，要注意章法。

一堂课的结尾如深山孤舍的钟声，余音绕梁，不绝于耳，留给人悠悠的情思。好的结束语言不仅仅对本堂课起着收束的作用，而且还能够将教学延伸至课后，或者课外，甚至是下节课。

（二）提高教师的语言表达要求

教师的语言能力是指教师在教育、教学过程中选择运用语言"传道""授业"，培养人才的技能、技巧。教师只有认真提高语言表达能力，掌握语言艺术，才能更有效地教书育人，提高教育教学的质量。教师是运用语言向学生传授知识、与学生交流思想的，教师的语言在很大程度上决定着学生在课堂上脑力劳动的效率，决定着教育、教学的效果。教师的语言有特定的要求，这是由教师的职业特点决定的。

1.动机的崇高性

教师担负着教育人、培养人的职责。教师的职业是崇高的，教师的语言行为必须出于崇高的动机。启迪、影响、感染学生的心灵，传授科学文化知识，开发学生的智力，应是教师语言活动的基本出发点和归宿。无论在课堂领域、课外活动中，教师都应运用完美的语言，循循善诱，教书育人。虽然每一堂课、每一次谈话都会有具体的需求动机，都要求主体的语言形式与语言动机相符，但是，这一切都受教书育人这个总目标的制约，并为这一总目标服务。

教师以传播知识为己任，知识是教师对学生进行思想道德教育、培养技能、技巧的"中介"，是联结师生精神世界的纽带。教师的一切工作，包括课堂教学、课外辅导、指导实验、练习、批改作业、组织班课和集体活动等一系列教育教学环节都离不开知识，而知识与科学是统一的。因此，教师语言的动机具有科学性，科学性是指教师传授知识必须符合客观实际，反映客观规律。

2.形式的规范性

规范性原则是指教师的语言应该是规范的语言，是学生语言学习的典范。教师语言的规范性，有两个不同的层面：①基础语言规范；②学科语言规范。其中，基础语言规范是教师先要把握好的。基础语言规范指的是教师在教育、教学工作中运用语言的最基本要求，它是教育、教学中所使用的最基本的教学语言，其特点是准确简洁、生动流畅。

教师语言把准确达意视为第一要求。语言是一种符号体系，它是由语音、语义、词汇、语法四个要素构成的。语言准确达意就要在这四个方面下功夫。教师应该用普通话进行教学，不仅语音要正，而且词汇和语法结构都应该标准化。凡涉及实质性内容的话题，每个概念的内涵和外延，每个判断的主宾关系都应该用平实的语言揭示清楚，无须追求藻饰，更不应有半点虚浮。

简洁，是在节约效能方面提出的要求。一方面，内容必须精要，要根据具体的目的，紧紧把握中心；另一方面，教师在教育、教学工作中，应考虑怎样让学生用较短的时间掌握较多的知识，考虑用有限的语言容纳较大价值的信息。词要认真筛选，句式要严格选择。

为了语言生动感人，教师要运用自己的智慧对日常用语进行加工，不用陈旧的字眼，吸收新的语汇，创造有自己的独特风格的语言；避免用现成语去生拼硬凑的"套板反应"，变换叙述角度，调整表达方式，以增强语言的生动性。

3. 群众的可接受性

教师要根据学生的实际情况，采用能被学生接受的语言进行教学。教师说出来的话，必须是学生易于明白，易于接受的。为此，教师在运用语言时必须考虑学生的兴趣、智力、知识水平、性别差异等。

兴趣是积极探究某种事物或进行某种活动的倾向。教师的用语必须能调动学生的兴趣，引导学生不断地探究。一般而言，与一个人已有知识有联系的事物、能增加一个人新知识的事物，容易引起人的兴趣。因此，教师用语一方面要注意表达内容的新鲜感，另一方面语言形式应有一定的新异性，用词要讲变化，不可在短短几句话中重复使用同一词语；熟用的词语要有不寻常的组合。语带幽默，可以引发兴趣。兴趣会随着年龄的变化而转移，高中生喜爱沉思、探究、做哲理的思索。教学用语要注意针对不同的对象，引发他们不同的兴趣。

4. 语境的适应性

我们运用语言不仅要符合语言规则，而且要适应语言环境。教师应用语言的场合多而复杂，有庄重的（如上课、家长会上讲话），也有随便的（如课后谈话）；有欢快的（如文娱晚会的即席发言），也有沉重的（如处理偶发的不愉快事件）；还有正式的、非正式的等，教师应具有较强的语境适应性，能看场合讲话，用语与情境和谐。一般而言，严肃的、正式的场合说话要严谨，紧扣中心，条理分明，重点突出，用词确切、简约；非正式的场合，用语要生动活泼，亦庄亦谐，庄而不矜持拘谨，言谈举止都使学生感到可近可亲。

是否善于进行语言控制，是语境适应性强弱的反映。所谓语言行为的控制，就是说在信息输出和反馈过程中，发现作为控制手段的语言形式不为控制对象所理解或语言形式偏离控制目标，引起控制对象的误解或反感，以及出现情况变化时调整变换，以保证用最优化的语言服务于控制目标。语言控制对教师而言，无疑是非常重要的。教师在教育教学过程中，在每一次具体的语言活动中，都应十分注意信息的反馈，语言的、行动的、神情的……哪怕是一个微小的眼神也要注意，掌握学生即时的情绪、心境，对于偏离控制目标的语言方式进行调整，使之为学生所乐意接受。

三、发挥教师主导作用，提高教师的形体素质

（一）教师形体的功能与分类

1. 教师形体的功能

（1）辅助功能

教师的基本职能是传授知识，在传授知识的过程中，语言是最主要的载体和工具，但要使语言发挥最大功能，必须辅以形体语言手段。教师的形体语行为一般情况下是与语言行为同时产生的，这样就凸显出了形体语行为在传授知识过程中对语言行为的支持辅助功能。教师体态语能补充、强化口语信息，扩大教师所传递的信息量，增强学生对有用信息的接受量，与口头语在传递信息方面相互补充，相得益彰。

（2）沟通功能

教学是师生间一种贯穿始终的交流，这种交流不仅是知识和信息的传递，也是师生间情感的交流过程。教师的形体语行为有辅助语言行为的作用，在传递信息过程中，同时还起到促进师生之间相互了解的作用。一般而言，在学校环境中教师的形体语行为的沟通功能主要用于知识传播服务，但师生关系又是一种特殊的人际关系，所以教师的形体语行为还可能影响到师生关系。

在特定教学环境中，教师的一言一行、举手投足都会起到传递特定信息、改善或改变师生关系的作用。正处于成长阶段的学生，对教师的形体语行为会特别关注，学生能从对教师的形体语行为分析感受出一个教师的外在形象美，由此折射出其内在的智慧美，只要是积极的、有效的、有意义的形体语行为都会成为改善师生关系、提升学生对教师信任度的强化剂。

（3）调节功能

形体语行为的调节功能表现在教师可以通过训练一些形体语技能来调节和控制学生的行为。如果把学校看作一个独立完整的管理机构，那么学校里的每个教师都是这个机构的管理者之一。教师的管理行为不仅表现在对学校的规章制度的判定和执行上，也表现在通过恰当的、有意义的形体语行为实施动态管理上。优秀的教师能成功地运用眼神、表情、手势等形体语技能来对学生进行有效管理。这种管理方式更加彰显出一个成功的教师的出色之处。善意的、合适的形体语言行为更容易被学生接受，相应地也能取得良好的效果。

（4）激发功能

教育是一个细致入微、影响深远的工作，作为对学生的成长和未来具有巨大影响力的教师，应积极引导学生，合理采取激励手段，使学生健康、快乐地成长。

2.教师形体的分类

（1）目光语

一个人眼睛瞳孔的大小、仰视的角度、注视时间的长短等，都透露着丰富的信息。因此，教师在课堂上艺术地用好目光语，对于辅助教学、提升教学效果至关重要。

（2）手势语

手和臂是人体敏锐的表意传情器官之一。手势语是指用手指、手掌和手臂的动作和造型来表情达意的一种教学行为。教学过程中教师使用的手势，与日常生活里的手势不完全相同，它是一种严格的与讲授内容相一致、与有声表达及其他辅助教学手段相协调的艺术化的手势，应当体现出对学生人格的尊重和与学生情感上的融合。

（3）身势语

人的姿态除通过局部动作显现外，更主要的是由头姿、坐相、站位和走势展现出来。对于教师而言，姿态既是教师形象的重要组成部分，也是教态修养的一个重要方面。因为教师总要在学生面前、在课堂上亮相，学生透过这个"相"去认识教师、理解教师，并从中得到潜移默化的熏陶；教师则通过教学体态表达，通过这个"相"来展示自己的素质修养和精神风貌。

（4）服饰语

教师的着装必须符合与其职业相称的特殊要求，着装一定要搭配得当（上下一致、长短合适、色调协调，衣、裤、包、带、鞋搭配合理），大方得体，符合身份、场合。

（二）教师形体的技能及应用

1.教师形体技能的表现

教师的形体技能主要表现在面部动作、手势、身体姿势以及空间沟通和仪容仪表等方面。

（1）面部动作

第一，面部表情。面部表情是呈现心灵的最佳舞台，是最能集中体现教师情感的形体语，它主要通过眼、眉、唇等器官和面部肌肉的活动来传递信息。一般而言，凡是有经验的教师，都善于运用面部表情的变化来充分表达自己的情感。教师面部表情可分为两种：一种是常态基本表情，表现为和蔼可亲、热情开朗、常常微笑，这种表情可给学生创造一个轻松愉快的情感环境；另一种是随机应变的表情，表现为与学习内容同步，随内容的变化发生喜怒哀乐的变化，随教学流程的发展而发展。这种表情的变化使教学动态活泼，使知识变得浅显而有趣。这样学生就可以通过表情感受到教师的真诚、爱、信任、鼓励，使师生关系和谐发展。

第二，眼睛动作。眼睛动作是形体语当中最为重要的沟通方式。合理运用眼神会对教学起到事半功倍的效果。一般而言，与学生交谈期间，眼睛动作有两种作用：一是搜索信息；二是发送信息，即强调谈话内容，提醒注意听取对话。教学中运用眼睛动作来组织教学，进行师生交流，可以再现教学内容，创造特定情境，引导学生进入教学意境。通过眼神暗示、诱导，能够达到启迪学生心智的目的。

第三，微笑。面部动作的重要性常常与微笑相关联。教师在与学生交往的过程中，要鼓励学生，运用语言的同时，热切地注视他，面带微笑，这会增强学生的自信心。微笑的功能主要表现在它可以为教师创造出良好的授课心境，发挥出最佳教学水平，可使学生提高学习兴趣和效率，增强理解，改善师生关系。

（2）手势

手势的效果好坏在于是否用得恰当、适时、准确。教学中手势的一般要求为：①与授课内容相一致，手势的多少要根据需要而定；②讲究手势艺术，运用手势要注意适度，手势要简单精练，动作准确、协调优美；③避免消极的手势，如斥责性的食指动作，威胁性地挥舞拳头等。优秀教师更应当学会用适度的张力，适当的幅度以及准确地把握动作的范围，使手势在课堂教学中发挥其特有的艺术功能。

（3）姿势

姿势分为站姿、走姿和坐姿。标准站姿应该是抬头、提胸、收腹，两腿分开、直立，双脚成正步式45°。走姿应行走时步伐稳健，步幅不大不小，步速不快不慢，上身直立，双眼平视，双手自然摆动。坐姿要正，不可以贴靠在一张桌上，使学生以为教师精力不足；不可手托下巴，表现出漫不经心。

教师摆出姿势时要注意协调、适当、简练、稳重，应与所讲内容和自身气质性格等因素相联系。总而言之，端正的体姿、矫健的步伐，会无形中增加教师讲课的吸引力和知识的可信度，使学生保持长久的兴趣和注意力。

（4）空间沟通

有经验的教师在讲台上每隔一段时间总要变换一下位置或走下讲台，在座位间的过道里来回走动，一是为了适应教学，不至于长久站立而太累；二是通过距离的调节来加强学生接收信息的效率。空间距离还伴随着音量的改变。处理学生个别问题时，教师往往走近学生，近距离低声说话，而教师面对全体学生上课时就要在讲台上远距离大声讲话。同时，利用空间距离也要注意方式，注意情境式场合的选择，注意学生的年龄和性别。

（5）仪容仪表

教师的仪容仪表是一种静态的形体语，也是心理学上说的第一印象。如教师的发型一般是生活中通常保持的发型，教师在选择发型时，一要与职业特征相契合，二要与个人的气质、脸型和精神风貌相一致。女教师的妆容一定要淡雅、自然、适当，饰物应自然大方，不宜夸张。

2. 教师形体技能的应用

教育教学的目的之一是让学生在体验感悟中获取真知，应该做到让形体语言更好地为师生服务，发挥最好的效能。

（1）形体技能应用原则

第一，适用性。适用原则强调教师在运用形体语行为时要有针对性，要对实施对象有深入的了解，因地制宜，有的放矢，这样才能使形体语行为发挥最大的功效。

第二，情境同一性。教师的形体语行为是在教书育人过程中的内心情感的真实反映，是自然发生的，这就说明教师在发出形体语言行为时要表现自如、得体。一是教师形体语行为要与当时的教学情境相适应，注意课堂气氛，衡量采取何种形体语言能为课堂艺术增加亮点；二是教师要力求避免下意识的体态语行为，下意识的动作往往是不规范的；三是教师要在尊重学生人格的前提下，运用适当的形体语传递善良的愿望，积极向上的人生品质，使学生产生情感上的共鸣；四是不同年龄、不同性别、不同经历的学生心理承受能力有别，教师要有针对性地运用形体语言。

第三，程度控制。由于教师的一言一行都在学生的视野之内，教师在运用形体语行为时要考虑到自己的所作所为都有可能对学生产生某种影响，因而应时刻对自己的形体语行为进行适当的调整和控制。程度控制原则要求教师的形体语行为注意适当的幅度、力量和频率。教师上课，不同于演员演出。

一般的室内课堂教学多数情况下学生处于思索状态，主要是被教师语言表述的教学内容所吸引。因此，教师的形体语动作不宜过分夸大，以免有失去平衡之感；而且动作频率过高会分散学生的注意力，打乱学生的思维方式，造成学生情绪紧张。教师应结合教育教学要求和内容，调控自己的形体语行为，做到动静有度、举止有措、用得其所。教师要善于把不利于教学交往的形体语行为掩藏，而且要"择其善"，真正发挥"以姿势助说话"的作用。如教师在非常生气时，应把这种情绪转移到教学之外的其他情境进行处理，而学生看到的将是适度的表现。

第四，追求美感。教师的言行举止往往起着净化学生心灵的作用，给学生以美的享受。教师的仪态、衣着、表情、手势、语言、书法等无不影响学生。如果严于律己、为人师表，以向学生进行美育的标准来要求自己，就会对学生起到潜移默化的教育效果。教师的形体语不仅能配合语言教育学生，还能最大限度地表现出艺术的魅力。

在形体语行为的运用过程中，教师的眼神、表情、手势、姿态等和谐配合，相得益彰。站要直，行要稳，手臂挥舞自如，目光炯炯有神。矫正不良行为习惯，使自己的形体语行为赏心悦目、自然大方，达到形神统一的行为美的要求。讲授时应生动形象，有分析、有讲解，带着教师深厚的、健康的、质朴的感情，只有这样才能使学生获得美的教育。

（2）形体技能注意事项

第一，注意教学时不要轻易背手。背手是一种消极性形体语。教师背手一般会让学生感觉教师严肃、有权威。因此，在监考及巡视学生作业和练习完成情况时，教师可以适当地采取这种体态。但是，教师在讲台上讲课时不能背手，因为这样一来便无法用双手做出一些辅助口语行为的动作，影响讲课效果，同时也使教师显得呆板，影响学生对教学内容的兴趣。另外，在与学生交谈时，不应将双手背于身后，否则，会给学生在心理上造成一种压力，妨碍师生间的情感交流。

第二，注意双手撑在讲桌上的动作。上身呈向前倾斜状，双手撑在讲桌上以承受身体的部分重量，减轻腿的压力，这种体态在教学中十分常见。对于长时间站立讲课的教师而言，这种姿势比较舒服，但却有一定的消极作用，如形象呆板。因此，教师可适当使用双手撑在讲桌上的动作，但是一节课中出现的次数不应过多，每次持续的时间不宜过长（数分钟），应该是越少越好。

第三，注意控制腿部抖动。腿部抖动即一脚为主承受身体重量，另一只脚抬起脚跟，不停地颤动。采用坐姿时，将一腿搭在另一腿上，不停抖动。作为教师，应尽量避免这些动作，可能会给学生留下轻浮、不稳重的印象。

第四，尽量不要近距离站立于回答问题的学生跟前。学生上台时，站立于学生附近，或者提问学生时，走下讲台，站立于学生附近。这样既使学生内心更紧张，又不能使全班同学听到回答者的声音，失去了教育意义，这是应尽量避免出现的情况。

四、教师的科学评价体系

（一）教师评价的模式

1.教师职责评价模式

教师职责评价模式，是一项基于教师职责的评价准则研究的成果。教师的职责当然是教给学生适当的知识（包括认知、情感和动作技能方面）。

（1）教师对教材了解的评价包括两部分：①特殊技能领域内的知识。专业知识至少要保证他们对教学内容能适当地加以选择、进行备课和解释、能以适当的方法测出学生对这些知识的理解程度，要保证他们能准确地回答大部分的问题。在回答不了那些问题的场合，他们能知道从哪里可以很快地找到它的答案。②诸如英语、学习技能等交叉学科的知识。当然，这种交叉学科的知识可以在不同层次、不同等级上提出要求。

（2）教师的教学设计评价主要包括以下方面：

一是教程设计：教师能根据当地对课程的要求、测验的要求，结合有关学生能力、学业成绩和可用资源的信息的了解，编制教程计划。

二是教材的选择与更新：这与允许和要求教师在所提供的教材中选择或增加

材料的程度有关。适应教程计划的教材应是新颖的、正确的、全面的，在可能的情况下也是精心加以设计的。

三是教学资源的适当使用：教师能适当地使用教学资源，如图书馆、计算机、实验室和各种专业人员（如图书管理员、校内心理教师等）。

四是教程与课堂教学评价：为了能够在关于教学内容、程度、途径及教学节奏方面对学生的需要和能力做出评价；为了能够获得关于课堂教学和教学成功程度的信息，教师在课内或课外都应能运用讨论、个别谈话、观察、问卷调查和正式及非正式的测验去收集信息，以及为以后进一步的分析，系统地记录信息。

五是特殊群体需要的知识：一些可能遇到的特殊群体需要的知识是非常重要的。这些特殊群体包括非本族语的使用者、学习进度特快者与特慢者等。

六是人力资源的使用：进一步的要求，还包括在适当的时候使用专业人才，如课程编制专家、音像专家等。

（3）学生学习信息的收集。教师的这一职责包括以下方面：

一是测试技能：教师能编制、收集、选择和管理适当的测验，以便给学生和任课教师（及管理部门）在有关学生进步情况方面提供信息基础。这种测验包括系统的观察、项目分析等。

二是评分的知识（评分、分级、诊断）：教师应懂得综合和单项评分的区别与优缺点。懂得设计和使用评分的关键，掌握测验和再测的容量以及中间判断的差异，控制测验的焦虑效应，掌握找出严重的学习失误的方法。

三是评分的过程：尽可能地避免各种偏差，在论文式测验中更应如此。

四是分数的分配：分数的分配应是一致的（相等的质量／等量的工作得到相同的等级）和适当的。

（4）学生学习信息的提供。对学生，教师应提供在课上表现和各项测验的信息；对管理部门，教师应根据要求定期地提供学生情况的信息，找出存在的问题行为，发现学校在设备和支持方面的缺陷，提供必要的帮助；对家长、监护人和适当的机构，教师须将、也只能将有关情况向有权了解的人进行告知，使他们了解学生个体或各个班级学习进展的情况，教师应有从这些方面得到必要的支持的技能，以帮助学生学习。

（5）课堂技能。课堂管理的技能，包括在紧急情况下的管理和在正常情况下的管理方面。

（6）专业服务。专业服务有四个方面的内容：其一，专业问题的知识，这些知识主要指本专业性质、作用、历史和当前存在的问题的知识；其二，专业道德；其三，同事之间的互助和对新手的帮助；其四，为其他专业工作者所做的项目，如为一些专业杂志进行工作，组织研究小组，安排学术讨论会等。

2.教师职责评价资料收集的途径

教师职责评价资料收集有以下途径：

（1）判断：由被评教师、其他教师、学生、家长及教师培训部门有关人员进行判断。然而，教师评价的模式并不鼓励教师之间跨学科的交叉评价，但具有相同学科知识的教师对教学内容和评分标准的判断是很有用的。

（2）现成的资料：包括学校的记录、学生出勤情况、成绩的分布、推荐材料、学生的作业、测验等。教师的记录包括课时计划，以及关于学生、班级或教材等材料。个人的记录包括原始的业务档案、表扬与批评信，要求转班或入学的申请以及评分的记录等。

（3）观察：包括由学生、同行、管理人员的观察。其范围包括在课堂、教师办公室、各种会议中处理有关家长、同行、学生和各种问题的方式。

（4）测验的资料：这种测验是由他人组织进行的，例如能力测验。

（5）教师自陈材料：包括自评和个人发展计划、实验和阅读的结果，选修的课程、评分的程序和教材选择的基础。

3.教师活动评价模式

教师活动评价模式是由雷德芬提出的。教师活动评价模式共包含以下步骤：

（1）建立职责准则

评价的第一步是确定工作的内容与范围。很明显，对于成功地完成评价过程来说，明晰地理解一件工作的职责是必要的。但由此并不能认为，当一个人走上某一工作岗位时，他对这一岗位对他的期望是什么就十分清楚。教师和管理人员需要清楚地理解他们自己的职责，对评价人员来说也同样是如此。

（2）鉴别社会需要

由教师与学生合作确定的社会需要，具有影响未来教学基本方向的现实价值。巩固并扩大教育领域，书面记录师生的基本需求，整理师生提及的非正式意见，并在实际的教学活动中，明确双方的社会角色，是社会需要鉴别的主要内容。

（3）确定目标与行动方案

一旦需要确定以后，本阶段确定的目标可以是行为化的。行为化目标制定过程复杂，既耗时又对评价者的技能水平要求较高，当目标涉及情感因素时，整个过程将变得更加复杂。然而，与一般性目标相比，行为化目标拥有观察、判断与实施的现实条件，评价结果主观成分较少。总之，目标确定是目标实现的前提与基础。一般性目标与行为化目标都需要在指定时间内按照规定程序完成，定期检查目标的完成情况，可以为行动方案调整提供依据。

（4）实施行动方案

作为整体活动形式存在的评价活动，其涉及的人员关系十分复杂。伴随着评价计划的稳步实施，评价者必须确定帮助被评对象的时间与形式。在这个过程中，与评价者和被评对象都有交往的活动负责人，不仅需要检查评价活动的开展情况，还要积极关心被评对象的日常生活，并与教师等评价者保持密切联系，这是行动方案能够顺利实施的基本前提。

（5）评价结果

在围绕评价目标落实评价活动的过程中，可能会得到与教师评价活动相关的其他成果。利用讨论的方式开展评价活动，需要整合并汇总教师的自我评价与他人评价，形成总结性评价报告作为可供参考的评价结果。

（6）讨论结果

作为教师活动评价模式的关键步骤，评价结果的讨论既要关注现实问题的解决办法，也要争取评价活动参与者的相互理解，并借助成绩与问题的讨论，明确评价活动的后期改进思路。

上述三种评价模式从不同的侧面，探讨了教师评价的准则与方法。它们为人们进一步研究教师评价有关问题，提供了一个较高的起点。

第三节　深化教育改革影响

教育教学改革是一项庞大的社会系统工程，需要凝聚社会各界的力量，共同保证高中教育改革的顺利进行以及营造教育事业发展的良好氛围。为了深化教育改革影响，具体策略如下：

一、落实顶层设计与督导检查

落实政府责任，建立以县为主的工作责任制，县级高中实施改革，县级政府是落实改革的主体部门。协调各部分建立起分工协作的机制，从而建立起合力共同攻坚困难，县一级教育局牵头以便加快当地的教育转型，落实相关政策要求。要高度重视教育，牢固树立优先发展教育的理念不动摇，把教育事业发展作为事关县域发展的大事，解决一切教育的实际问题。

县级政府教育主管部门可以建立一个各职能部门参与的教育事业发展协调小组，定期分析教育变革工作动态，协调解决教育事业发展中的"瓶颈"问题，形成全社会共同配合、齐抓共管、支持教育事业的良好氛围。

县级政府将把普及高中教育改革工作纳入政府体系考核中，作为考核的指标之一，建立相应的问责机制。县政府需要确定高中阶段改革的工作内容以及目标，将具体内容细化以及分解，确定主管责任人；建立县长牵头、相关部门负责人参与的工作协调与监督机制，定期召开专题会议；围绕各单位实施方案提出的基础条件改善、资源统筹、学科课程基地建设、特色专业建设、校企合作机制等重大问题，落实经费投入，出台扶持政策。

二、学校落实政策实施

高中实现教育教学改革，学校是重点，要加大力度解决目前存在的难点以及痛点，同时在向试点城市学习经验的基础上针对自身的短板与特色进行转变。

（一）落实培训保障，完善教师队伍建设

注重高中学校教师队伍建设，采取人才引进、素质培训等切实可行的措施。根据综合改革过程中的问题满足需求，根据城乡统一标准来保障高中教职工的编制与工资薪酬。

保障高中教师培训成为常态，加大力度培养"一专多能"型普通高中教师培养，同时通过多途径继续培养多学科教育的能力以及教师的综合素养水平，并深入了解高考改革的深度内涵，从而更加适应现阶段新的教学方式。健全教师的激励机制，让教师增加获得感，提升教师的待遇，改变过去旧有观念，在评优评先评职称的时候，少设置门槛，调动青年教师的积极性，打造一支配比合理的教师队伍。落实基层就业优惠政策，培育尊师重教的教育风尚。

（二）提高教学质量，创建学校特色化教育

学校应当积极关注学生的差异性，按照政策要求推进选课走班，真正意义上落实到位。关注非主课课程的建设，利用校外现有资源弥补校内部分资源的空缺，增强教学的深度与广度。建立起一套学生特有的培养计划与方案，增强学生在选课与规划上的主导地位，重视学生的心理健康教育。

按照新政策贯彻落实课程方案与标准，建立学生对授课情况的反馈，进而加以改进。按照"政府统筹、市场运作、校企合作、资源共享、优势互补、共谋发展"的原则，继续发展高中学校的特色化教育模式，建立起一套更加适合的教育制度与模式，例如建立与职业学校以及企业的合作机制，探索交流职业生涯规划与安排，合理有效进行资源互通。结合学校现有资源以及办学特长及优势，大力发扬其优势学科和特长学科建设。在确保特色学科、优势学科的基础上进行全方位的巩固与提高。充分利用互联网信息技术资源以及现代化手段促进优质资源共享共用，从而不断满足自身的个性化需求。

（三）建立协同机制，大力补齐自身短板

积极学习试点城市的优秀案例做法，根据自身的实际情况加以调整，继续借助优质对口高中学校的帮扶，尽可能缩小与城市学校之间的差距。积极主动利用好省级学校帮扶作用，多进行沟通，多方位了解最新的政策内容，利用省级高中

的优质资源尽可能补齐自己目前的信息闭塞短板。教师之间、学生之间都可以形成一帮一互助形式，随着互联网多媒体普及，可以利用其开展教学，教师同时也能够学习省级高中的优质资源。同时，也要大力落实高中教育改革中所要求的综合素质评价以及职业规划教育。

第四节　贯彻高考评价体系

一、高考评价体系的关键

中国高考评价体系，是符合素质教育全面发展要求的、用于指导高考内容改革和命题工作的测评体系，主要包括高考的核心功能、考查内容、考查要求和考查载体等。中国高考评价体系的科学构建，是健全立德树人落实机制、实现德、智、体、美、劳全面发展育人目标的必经之路。

高考评价体系由"一核四层四翼"组成，其中，"一核"是高考的核心功能，即"立德树人、服务选才、引导教学"，回答"为什么考"的问题；"四层"为高考的考查内容，即"核心价值、学科素养、关键能力、必备知识"，回答"考什么"的问题；"四翼"为高考的考查要求，即"基础性、综合性、应用性、创新性"，回答"怎么考"的问题。

（一）"一核"：高考的核心功能

1.立德树人——高考的根本任务

（1）落实立德树人是新时代高考性质定位的决定要素

高中需要把立德树人融入教育各环节，贯穿教育各领域。高考要努力构建德、智、体、美、劳全面覆盖的评价体系，引导学生培养高尚的品德、创新的思维、健康的体魄、良好的审美情趣以及崇尚劳动的品质，促进学生全面发展；高考要充分发掘各学科育人资源，发挥各学科育人优势，共同形成育人合力，全面、系统、创新性地将立德树人根本任务落到实处。

（2）突出立德树人是新时代高考甄选功能的核心标准

深化考试招生制度改革，维护和增强全国统一高考在人才选拔培养中的核心地位。高考是落实国家人才强国战略、选拔培养创新人才的重要制度，肩负为高等学校选拔合格新生、保障高校生源质量的重任。高考强调德育的重要性，即通过高考的考查，使具备较高政治觉悟、高尚道德情操和优秀意志品质的学生脱颖而出。

（3）坚持立德树人是新时代高考导向作用的集中体现

培养德、智、体、美、劳全面发展的社会主义建设者和接班人，构建德、智、体、美、劳全面培养的教育体系。高考关系到高等教育资源的分配，客观上对基础教育起着重要的引导作用。因此，高考的指导思想、考试内容、考查要求和形式，都将对素质教育的实施和推进产生重要影响。

高考评价与基础教育教学一起形成德育合力，不断提高学生思想水平、政治觉悟、道德品质、文化素养，并促使学生将其内化为精神追求，外化为行动自觉，从而共同落实立德树人的根本任务。

2. 服务选才——高考的基本功能

高考不仅是为高校选拔新生，也是为国家选拔人才。因此，服务选才不仅是高考制度建立的目的、存在的依据，也是高考的基本功能和使命。

（1）推动高等教育人才培养质量的提升

高考的人才选拔要求必须与新时代高等教育人才培养方向相一致、与培养要求相契合，高考考试科目的设置、考试内容的选取也必须与高等教育对于大学新生知识结构的要求相契合。因此，高考必须始终准确把握党和国家事业发展对高等教育人才选拔的要求，充分适应新形势下经济社会发展对多样化高素质人才的需求，注重对实践能力、创新精神等综合素养的全面体现，从而助力高等教育创新型、复合型、应用型人才的培养。

（2）推动人力资源强国建设的加速

在未来发展中，为提高我国在国际舞台上的核心竞争力，必须培养出大批具备合理知识结构、具有全球视野和国际化理念的各类专业人才。

高考改革是落实党的教育方针、建设人力资源强国、决胜全面建成小康社会的重大战略部署。面对新形势、新任务、新挑战，高考改革要服务于经济社会发展对多样化高素质人才的需要，为实现百年奋斗目标提供强有力的人才支撑。因此，根据国家总体战略布局，高考必须紧紧围绕提高教育质量这一主题，确保选拔出高质量的人才。

（3）助力社会公平公正秩序的维护

高考不仅要保障国家人才选拔的质量，而且应助力教育公平和社会公平的推进。高考不仅是一种教育机制，也是一种社会机制，高考公平是教育公平、社会公平的重要组成部分。

作为一种人才选拔形式，高考公平性的最显著特征是排除了社会地位、社会关系、家庭背景和经济条件等人为因素的干扰，给所有考生提供了公平竞争的机会，使考生能够凭借真才实学公平地享有接受高等教育的权利，对维护社会的和谐与稳定起到了积极作用。同时，高考促进了社会的纵向流动、横向流动与区域流动，疏通了社会流通渠道，深刻地影响了中国社会结构的重组与稳定。因此，高考也因其在公平性方面的优势而成为一种长期稳定的制度，并得到社会的普遍认可。

3.引导教学——基础教育对高考的现实要求

新一轮高考改革更加强调育人功能，因此，高考评价体系在构建过程中，始终将促进学生健康成长成才作为改革的出发点和落脚点。

（1）助力素质教育发展，促进核心素养落实

高考改革与高中课程改革携手共进，注重选拔人才和培育人才的对接。高考改革必须站在教育改革发展全局的高度，发挥关键的、积极的导向作用，进而推动素质教育在基础教育阶段的落实和扎根。

高考评价体系中的"四层"在整合以往必考内容和选考内容的过程中，将核心素养自然融入，强化共同基础。

（2）推动基础教育改革，促进学生全面发展

新时代高考在助力课程教学方式和学生学习方式的转变、加强教学内容与社会生活的紧密联系等方面大有可为。

在考查内容的全面性上，高考命题在注重能力和素养考查的同时，进一步深化对德育的考查，优化试卷结构和题型，加强对体美劳的考查和引导，形成覆盖德、智、体、美、劳全面发展要求的考试内容体系，促进教、学、考的有机统一，助力高中育人方式的改革和学生的全面发展。

（3）培养终身学习能力，促进人的持续发展

终身学习理念的核心，就是所有社会成员在一生中的任何时候都能进行自我提高。因此，高考不仅要着眼于基础教育的变革，更要适应终身学习这一新的时代要求，为学生的终身学习奠定坚实的基础。

新一轮高考内容改革着重通过优化考试内容，呈现出开放、综合、灵活、多样的特点，从而为社会培养可塑性强、能持续学习的人才，助力我国终身学习体系的建立。

（二）"四层"：高考的考查内容

1. 核心价值在高考考查中的引领作用

高考评价体系"四层"考查内容中，核心价值主要包含了政治立场和思想观念、世界观和方法论、道德品质和综合素质三方面的内涵，全面贯彻落实"六个下功夫"的核心要求，并充分体现了德、智、体、美、劳全面发展的育人目标。

（1）核心价值与"六个下功夫"的关系

核心价值在"政治立场和思想观念"部分涵盖的指标包括：①"理想信念"是解决好世界观、人生观和价值观这个"总开关"问题的关键。它要求学生树立共产主义远大理想和中国特色社会主义共同理想；增强中国特色社会主义道路自信、理论自信、制度自信、文化自信；立志肩负起实现中华民族伟大复兴中国梦的时代重任；②"爱国主义情怀"是中华民族精神的核心。它要求学生认同中华人民共和国，坚决维护国家尊严与利益、维护祖国统一；认同中华民族，自觉维护民族团结、社会稳定，具有强烈的民族自豪感和实现民族复兴的使命感；认同中华文化，自觉弘扬中华优秀传统文化，继承革命文化，发展社会主义先进文化；具备爱国、爱党与爱社会主义相统一的爱国主义精神。

核心价值在"道德品质和综合素质"部分涵盖"品德修养""奋斗精神""责任担当""健康情感""劳动精神"五个指标。其中，"品德修养"是社会关系的基石，是人际和谐的基础。它要求学生认同并积极践行社会主义核心价值观，自觉提升思想道德素养，明辨是非善恶美丑，具有大爱大德大情怀。"奋斗精神"要求学生树立高远志向，历练敢于担当、不懈奋斗的精神，具有勇于奋斗的精神状态、乐观向上的人生态度，做到刚健有为、自强不息。

（2）核心价值与"德、智、体、美、劳"全面育人目标的关系

要努力构建德、智、体、美、劳全面培养的教育体系。作为服务选才和引导教学的教育关键环节，高考必须服务于德、智、体、美、劳全面培养的教育体系。"道德品质和综合素质"中的"健康情感""劳动精神"两个指标涵盖了体、美、劳的意识和观念。"健康情感"要求学生具有健康意识，注重增强体质、健全人格、锤炼意志；培育审美和人文素养，热爱生活、珍爱生命。"劳动精神"要求学生崇尚劳动、尊重劳动，认同劳动最光荣、劳动最崇高、劳动最伟大、劳动最美丽的观念；坚持通过辛勤劳动、诚实劳动、创造性劳动实现人生价值，愿意为国家富强、社会进步和人民幸福而辛勤工作。

（3）核心价值引领"四层"考查内容

作为考查内容的第一层，核心价值既是考查内容的重要组成部分，更是引领其他层次考查内容的总航标，对学科素养、关键能力、必备知识的考查必须置于核心价值的统领之下。因此，为了考核学生核心价值的水平，考查内容的选择应该聚焦于能够反映出核心价值的生活实践和学习探索情境，从而测量出学生在分析解决这些情境中的问题时所表现出的核心价值、学科素养、关键能力、必备知识的掌握程度和综合水平。

2.学科素养在高考考查中的导向作用

"学科素养是指即将进入高等学校的学习者在面对生活实践或学习探索问题情境时，能够在正确的思想价值观念指导下，合理运用科学的思维方法，有效整合学科相关知识，运用学科相关能力，高质量地认识问题、分析问题、解决问题的综合品质。"[①]

高考各科的关键能力与必备知识，是以学科素养为导向进行界定的。在整个基础教育阶段的教学过程中，学生所学的各科知识内容繁多，涉及的能力也比较广泛。为准确考核并切实提高学生的知识能力水平，高考评价体系将考查内容定位为应对生活实践、应对未来的学习或者高等教育的学习，聚焦于应对生活实践与学习探索情境中的问题时所需要的知识与能力，即基于学科素养导向确定应考查学科的关键能力与必备知识。

3.关键能力是高考考查中的重点内容

高考能够通过基于教育测量学的相关理论与技术，获取考生（常模）能力分

① 教育部考试中心制定.中国高考评价体系[M].北京：人民教育出版社，2019：18.

布，了解其实际认知水平，从而进行准确的测量和区分，为高校科学选拔人才服务。将能力作为高考考查的重点内容，不仅符合高考的客观实际，也是衔接高考的重要途径，同时可以与基于"价值引领、素养导向、能力为重、知识为基"的新时代高考命题工作有效连接，确保新时代高考"四层"考查内容能落到实处，从根本上实现其考查效果。

从"四层"考查内容的外在显性效果看，关键能力是非常直观和明显的。将关键能力作为整个"四层"考查内容的重心，是推进新时代高考内容改革的必然选择，也是教育测量学的规律性要求。根据不同学科的特点，基于学科素养导向的关键能力也有所差异、各有侧重。

4. 考查内容在发展素质教育中的作用

高中课程方案和各学科的课程标准中提出了学科核心素养，研制了学科学业质量标准，明确了必修课程、选择性必修课程和选修课程各自的功能定位。高考改革必须与高中课程改革携手同行，共同推进高中课程、教学、教材、考试评价改革和高校招生录取制度改革，促进"学—教—考—招"有效衔接，着力扭转应试教育倾向，切实改变以学生成绩和学校升学率为唯一标准的单一教育质量评价方式，大力发展素质教育。

（三）"四翼"：高考的考查要求

1. 基础性

素质教育各个阶段的教育教学目标具有一定的连续性，这种连续性体现在前一阶段学习成果是后一阶段学习成果的基础。对于即将进入高等学校的学习者来说，应当为继续发展打下坚实牢固的地基。高考关注各学科中的主干内容，关注学习者在未来的生活、学习和工作中所必须具备、不可或缺的知识、能力和素养。因此，高考要求学生对基础部分内容的掌握必须扎实牢靠。高考试卷中应包含一定比例的基础性试题，引导学生打牢知识基础。

2. 综合性

素质教育是内涵丰富的全面发展教育。高考要求学生能够触类旁通、融会贯通，既包括同一层面、横向的交互融合，也包括不同层面之间、纵向的融会贯通。以必备知识为例，各个知识点之间，是处于整体知识网络之中。必备知识与关键能力、学科素养、核心价值之间紧密相连，形成具有内在逻辑关系的整体网络；基础知识内容之间、模块内容之间、学科内容之间也应相互关联、交织成网。在命制试题时，要从研究对象或事物的整体性、完整性出发，不仅要从学科内容上进行融合，突显对复合能力的要求，也要在试题呈现形式上做到丰富多样，从而实现对学生素质综合全面的考查。

3. 应用性

素质教育的目的在于培养德、智、体、美、劳全面发展的社会主义建设者和接班人。因此，在知识、能力和素养的教育培养中，应关注与国家经济社会发展、科学技术进步、生产生活实际等紧密相关的内容。为发挥高考的正向引导作用，避免考试内容与理论学习、实践应用脱节，在命题时应坚持理论联系实际的原则，使用贴近时代、贴近社会、贴近生活素材，选取日常生活、工业生产、国家发展、社会进步中的实际问题，考查学生运用知识、能力和素养解决实际问题的能力，让学生充分感受到课堂所学内容中蕴含的应用价值。

4. 创新性

素质教育中的智育和以往教育理念中的智育最大的不同，在于其对创新性的强调。高考关注与创新密切相关的能力和素养，比如独立思考能力、发散思维、逆向思维等，考查学生敏锐发觉旧事物缺陷、捕捉新事物萌芽的能力，考查学生进行新颖的推测和设想并周密论证的能力，考查学生探索新方法、积极主动解决问题的能力，鼓励学生摆脱思维定式的束缚，勇于大胆创新。因此，高考试题应合理呈现情境，设置新颖的试题呈现方式和设问方式，促使学生主动思考，善于发现新问题、找到新规律、得出新结论。

总之，作为实践指南，高考评价体系可以供教育教学人员通过"四层"考查内容评价学生素质内涵，以"四翼"考查要求评价学生素质达成度；也可以供教育考试管理人员根据"四层"规定的命题内容以及"四翼"规定的命题要求，有效评价高考试题本身的质量。

二、贯彻高考评价体系的策略

以"本"为本，落实必备知识的教学。必备知识是能力提升的保障。教师在对组织教学内容时要注意教材正文以外的部分，如课本例题、课后练习、资料卡片、活动与探究、单元小结等，这些板块也会涉及一些考点。要引导学生构建基础知识的网络，通过建立思维导图的形式完善知识体系。

要通过问题导向来促进学科关键能力的发展。问题教学法是中学常用的教学方法，通过设问、提问可以引发学生的思考讨论，是培养学生关键能力的重要途径。教师在进行问题导向式教学时应当紧扣核心问题，提出有启发性、逻辑性和思考性的问题，促进学生学科关键能力的发展。

创设真实情境，发展学生学科核心素养。高考评价体系指出高考考查内容和考查目标大多是以情境和情境活动为载体。教师应当要善于挖掘日常生活中有关的一切教学素材，一方面增长见识，拓展学生的科学视野；另一方面可以从实践的角度进行引导，激励学生敢于创新，用于探索，把原本枯燥的知识，变成妙趣横生的科研探究。

挖掘学科育人功能，弘扬核心价值。高中课堂是弘扬核心价值、展现学科育人功能的主要阵地。发展学科的育人功能，可以结合课程内容，展示我国优秀的科学技术成果，激发学生的民族自信心，弘扬爱国主义精神；可以从不同学科角度来对社会热点问题进行剖析，既拓展了学生的科学视野，又能引导学生科学辩证地看待生活中的问题；可以在学习新理论之前，先向学生展示理论的发现历程，让学生感悟科学家们严谨的科学态度，学习科学家们不畏艰难、勇于创新、敢于探索、执着追求真理的科学精神。

● 第三章

核心素养视域下的高中教学优化策略

任何学科核心素养都必须通过教学来培养，任何教学目标都要结合具体教学方法才能落实到位。本章对以知识为基础，发展学生核心素养；优化教学环境，创造教学话语特色；增强教学实效性，聚焦核心素养进行论述。

第一节　以知识为基础，发展学生核心素养

一、学科核心素养

（一）素养

在全新的互联网信息时代，经济呈现出新的发展模式、社会提出新的需求、人们的生活和自身都不断变化着，这就对传统的教育形式提出了新的要求和挑战，在这种背景下，核心素养的概念应运而生。

素养与素质的含义非常相近，而且还很容易被混淆，之所以运用"素养"而非"素质"，是因为"素质"通常指的是个体先天禀赋和后天教育交互作用在个体身上所体现出的结果，而"素养"更多地指向后天可以习得的、通过教育可以培养的能力，可以更加凸显教育的价值。而对"素养"含义进行界定的过程中需要确定素养与知识、特定情景及外在表现之间的关系。"素养"是将国家教育政策中"综合素质评价"中的"素质"具化成可教可学，能够具体操作的教育措施。

素养不同于知识、能力、素质等概念，更加强调整合性和统整性。追求素养培养的教育，已经成为当前我国乃至世界教育的发展新趋势和新方向。

素养是一个人综合素质和道德修养的综合，首先我们需要关注的是"人"，素养是在人的身上体现出来的，所以我们应该透过"学科论"和"能力论"来关注人的生存和发展。知识是学生用来认识世界、发现问题、解决问题的媒介，而不是存在于书本上的"真理"。我们不能完全否定知识、抛弃知识，知识是我们形成素养的根本。素养离不开知识，知识也脱离不了素养，离开了知识，素养就是无根之树、无眼之泉，而离开了素养，知识无法完成升华。

素养与情境共生共存、相互发展，其中情境特指在社会生活中存在的各种情况的结合。素养需要在特定的情境中体现，不存在脱离情境的素养，人之所以为人，其关键也在于一个人存在于特定的社会情境中，因此两者不是抽象的概念而是生活中的具体表现；素养只有在情境中才能不断深化和升华，通过在特定的社会情境中解决问题才能不断积累素养、发展素养。

素养与外在表现的关系可以理解为内质和外显的关系，素养是人的内在的特质的总和，外在表现则是人的素养的出口，是人在特定的社会情境中的具体表现。素养与外在表现存在密切的关联性，素养必须在某些方面才能够表现出其外在性，而外在表现的基本内容和内涵特征则是由素养决定的。

素养需要有表现的通道和出口，教师教书育人的本质和职责就是帮助学生找到表现素养的出口，进而让学生更加充分有效地展示自己的能力和素养。素养与外在表现有着多方面性和不确定性，一种素养可以通过多种方式外在表现，而特定的某一外在表现则可能有多种素养蕴含其中，这受到不同国家、地区、社会、经济、文化等多方面的影响。素养与外在表现的不确定性主要是指素养与外在表现不是一对一的关系，外在表现不能完全反映素养的水平，素养也不完全能够在外在表现中展现出来。

（二）学科核心素养的体现

"学科核心素养是学科育人价值的集中体现，是学生通过学科知识的学习而逐步形成的正确价值观、必备品格和关键能力。"[1] 学科核心素养是核心素养在学科的具体化，是核心素养的一个有机的组成部分；核心素养是各学科核心素养的提炼和抽象，是学科核心素养的总括和综合。因此，为建立核心素养与课程教学的内在联系，充分发展各学科课程教学，对落实立德树人根本任务、发展素质教育来讲，有着独特的育人价值。各学科基于学科本质凝练了本学科的核心素养，明确了学生学习该学科课程后应达成的正确价值观念、必备品格和关键能力。

学科核心素养体现的是学科独特的育人价值和学科本质，其培养目标是正确价值观念、必备品格和关键能力。学科独特育人价值和本质体现了认识论、方法论和价值论的有机统一，从认识论、方法论和价值论的维度去理解和把握学科

---

[1] 中华人民共和国教育部制定.普通高中思想政治课程标准（2017年版）[M].北京：人民教育出版社，2018：4.

核心素养的深层内涵，对引领和深化教学方式方法改革，促使学生形成正确价值观念、必备品格和关键能力的培养目标具有十分重要的意义。各门学科经过长期的发展和积淀，都形成了独特的研究方法和思维方式，这是培养学生核心素养的关键。

（三）学科核心素养的主载体

学科知识是学科核心素养形成的主载体。为了使学科知识及其学习具有核心素养的价值和作用，在学科知识的选择、组织、设计上，突出强调以下内容：

1. 学科大概念

学科大概念是学科知识的精华所在，是最有价值的知识，是最能转化为素养的知识。学科大概念是教学内容选择的优先对象和主体对象，凸显学科大概念，实现学科教学内容的"少而精"，从而有助于实现学生的"精细化"学习。只有"精细化"地学习，才会真正地消化和吸收，进而促成知识向素养的转化。

2. 学科结构

学科知识是一个有结构的有机整体，掌握了学科的关系与结构，学生就能从整体上把握学科及学科知识。学科结构强调的是学科知识的整体联系性，任何知识总处于联系之中，每个知识都有与它相联系的知识，否则我们就无法理解它如何产生和它产生的意义。

3. 学科思想与方法

学科方法是学科思维的"硬件"，学科思想是学科思维的"软件"，它们都是源于学科知识，又高于学科知识，与学科知识具有不可分割的辩证统一性。学科知识蕴含思想方法，思想方法又产生学科知识，二者缺一不可。

4. 学科情境

知识往往在情境中生成和显现，情境是学生认识的桥梁，是知识转化为素养的桥梁。学科情境是指学科知识产生、发展的条件、背景、过程或相关故事，从教学的角度讲，它是促进学生学习、理解、消化、建构学科知识的具有社会化色彩的学习环境的概括。情境能够激活学科知识，情境能够激活学生认知和情感，从而使学科学习的活动充满活力。

二、核心素养视域下的高中知识教学优化策略

（一）理解知识的价值，关注学科核心素养发展

为落实高考评价体系，发展学科核心素养的正确道路，是让学科知识促使其发展。

（1）理解并掌握学科知识及其生成过程，对学科知识价值有正确的看法，并根据学生的身心发展状况对知识进行归纳、整合，让学生知识内化，成为促进学生学科核心素养发展的力量。

（2）在课堂上，充分考虑不同教学方式的选择对知识传授的影响，尽可能地将学科知识与学生日常生活联系起来，这样学科知识的价值就容易实现，为学科核心素养培育打下坚实的基础。

（3）明确学科知识的价值关键在于让知识内化为学生个体的力量，促进学生自身学科核心素养的发展，使学生对知识产生兴趣，这样才能进行高价值的知识教学。

（二）以学科知识为基础，推动核心素养的发展

在整个知识教学的过程中，教师需要按照原有的教学规划和目的，引导学生在一系列环节中去生成、获得知识，从而掌握知识获取的方法，明确知识对个人和社会的意义，知识的价值才能实现，知识才能促进学生学科核心素养的发展。在知识教学的课堂中，教师要逐渐提高学生的课堂参与度和兴趣，帮助学生理解理论性、系统性比较强的知识，对于本节课教学中重难点知识，以自主探究、合作讨论等方式进行教学。

以学科知识为基础推动核心素养的发展，这就要求教师在教学过程中，要将学科知识作为核心素养发展的载体，掌握学生的知识学习情况。同时，教师也要根据同一模块的知识，结合不同学科核心素养构成要素，也要依据同一学科核心素养构成要素，结合不同模块的知识，从而全方位地促进学生学科核心素养的发展。

（三）培养学生关键能力，提升学生的核心素养

1.培养学生关键能力

在高考评价体系下，教师在带领学生开展学科复习时，不仅要注重学生基础知识的复习，还要关注学生相关能力的培养。具体来说，教师在开展高中知识复习教学时，应立足于新高考，加强对学生关键能力的培养。

教师应立足于考纲的要求，对高考中的相关能力培养进行把握。教师在开展知识复习教学的时候，必须要培养学生的记忆、理解、综合、分析、应用、评价、探究和论证能力。教师在开展教学时，必须围绕这一目标开展"能力型"教学，促使学生提升自身的多种能力，最终促使学生全面发展。

教师在开展高中知识复习时，必须结合复习的内容，将与其相关的热点纳入教学内容中，引导学生结合所有的知识点，对其展开全面和详细的分析。这一过程不仅丰富了高中学科复习内容，也促使学生在分析的过程中，通过深层次的思考，提升了自身的综合能力。高考评价体系下，教师在指导学生进行学科复习的时候，还可以选择一些非选择题目、开放性试题等，引导学生在分析题目的过程中，不断提升自身的解题能力，以便更好地应对高考。

2.提升学生的学科核心素养

在高考评价体系背景下，高中知识教学不再只是基础知识的传授，还要在此基础上提升学生的学科认同、理性精神、法治意识和公共参与能力，真正实现高中学科的育人价值。

面对高考评价体系，教师在引导学生开展知识复习的时候，必须采取积极有效的措施，不断提升学生的学科核心素养。为了达到这一要求，教师在开展知识复习时应做到：改变传统复习策略，给学生创设明确的复习目标，在具体教学中借助思维的点拨、设置问题对话进行引导，选择情感素材加强引导，开展实践联系进行引导，借助总结内化开展引导等，在有效的引导策略下，促使学生在学习过程中不断提升自身的学科素养，最终实现学生的全面发展。

第二节　增强教学实效性，聚焦关键能力

教学实效性是指在教学过程中，充分发挥教学主体的作用，通过优化教学内容、目标、过程、环境、手段、方法等，在有限时间内，取得真实客观的教学效果，并且在这个过程中教师和学生相互完善、共同成长。高中教学实效性是指在高中的教学过程中，教师根据新课标的要求，尊重学生身心发展规律，通过优化教学内容、教学目标、教学过程、教学环境、教学方法等，调动学生的积极性，主动参与课堂。在有限时间内，取得真实客观的教学效果，最终达到培养具有核心素养的学生的目的。

一、树立核心素养的理念

高中是落实立德树人根本任务的关键课程，学校领导是否全面贯彻教育方针、真正重视学生核心素养的培育，是能够提高教学实效性的前提条件。

学校领导要高度重视核心素养理念。在思想上要对核心素养有明确、深刻的认识，要与全校师生共同参与核心素养理念的学习，还要有计划、有针对性地、分批分期地参加核心素养理念的培训，提高自身的理论水平。

学校领导要经常深入一线教学，对教学中核心素养的培育进行指导，还要经常深入教研活动，与教师一同教研，对核心素养进入课堂怎样实施、怎样行动、怎样落实的问题进行探讨，发挥领导的引领示范作用，带头推动建设。

二、深挖教学资源，丰富课堂教学内容

（一）教材的"二次开发"与创造性使用

教材二次开发主要是指教师和学生在课程实施过程中依据课程标准对教材内容进行适度增删、调整和加工，合理选用和开发其他教学材料，从而使之更好地适应具体的教育教学情景和学生的学习需求。

（1）教师应结合教学实际需要，突破高中教材固有的设置，对教材进行适当调整重构，利用地方资源形成具有特色的课程。

（2）教师应注意在"用教材教"理论的背景下注重联系与课本内容有关的政策文件和相关的时事热点问题，使教学更好地贴近学生的实际生活、满足当前的社会需求，从而起到调动学生学习的积极性以及延伸学生信息视野的作用。

（3）教材的插图也经常被教师忽视，插图包括教材中的彩色页面和章节中插图两部分。教师应该重视插图背后蕴含的丰富情感和价值，把插图和文字有效利用起来，使教学内容逐渐丰富和充盈起来，于无形中孕育学生的情感、思维，实现智能发展与学科修养的有机融合，这既是创造性使用教材的有效措施，也是提高教学实效性切实可行的具体方法。

（二）在教学中坚持理论与实践相结合的原则

1. 在自主探究与辨析学习中培养科学精神

自主探究和辨析式学习是指学生在面对不同情境时，学生会经历自主辨识到自主分析的过程，之后对情境中的价值冲突作出判断和行为选择，从而实现有效的价值引领作用。

在自主探究和辨析式学习中，学生的主动和教师的引导都极为重要。学生通过与组员的交流，先认真倾听别人的观点，再表达自己的认识。作出判断后，结合辨析的过程进行自我反思与纠正。在学生自我辨析的过程中，教师可用语言或者行动激励学生，帮助学生说出并完善想法，从而帮助学生做出正确的价值判断和行为选择，在自主探究和辨析学习中培养学生的科学精神。

2. 在课堂与实际生活训练中培育法治意识

只有经历过法治程序，才能真切体会到全面依法治国的重要性。教师可以在课堂教学中，通过角色扮演和情境体验相结合的教学方式培育学生的法治意识。教学实践表明，学生在情境中进行角色扮演有助于学生加深学生对课堂的印象和情感。在教学情境的创设中，教师要借助角色扮演的形式，让学生自行创建情境，加入角色扮演，深入参与其中，进行换位思考，体会不同的主体（法官、原告、被告）在面对同样情境时，内心的判断和选择，进而逐渐明确建设社会主义法治国家的基本要求，逐渐树立起中国特色社会主义法治意识。

在实际生活训练中，可以邀请当地法律专家进行法治教育讲座，为学生进行法律知识、司法礼仪以及庭审程序等方面的培训；可以由教师组织学生参观当地的人民法院，旁听公开审议的案件；也可以在学校支持和教师引导下，开展高中生模拟法庭的实践活动，让学生在模拟法庭的实际训练中把握法治意识的核心，学会知法守法用法，培养学生的法治意识素养。

3. 在实践调查与活动体验中提升公共参与

教师负责提供文献资料和调查任务，学生自主选择任务，进行组队。在整个社会调查过程中，教师处于引导地位，学生参与全过程。学生可以通过搜集资料、实地走访、个别访谈等多种实践形式了解和掌握民主管理的相关知识，参与到民主管理中，提升自身的民主管理能力，真切体验到参与民主生活的意义和价值，从而在民主实践中逐步增强和提高自己的公共参与责任意识和实际本领。

三、培养学生的科学推理与思维能力

（一）培养学生的科学推理能力

推理是逻辑分析能力的体现，它常出现在心理学、人工智能以及哲学等相关领域。推理是建立在一定的认知基础上，也就是所谓的元认知基础上，通过逻辑思维深入分析，去认识客观世界的过程。科学推理就是由一个现象，经过观察、总结等一系列的思维分析，到最后获得新的结果或者是新的判断与结论。科学推理能力是人类个体思维能力发展到一定水平后所有具有的能力，是人类个体依据科学事实，解释事物并获得结论的一种能力。科学推理不仅仅是一个概念，而且是一种能力体现，在一定程度上影响着个体的学习能力。

培养学生的科学推理能力的策略如下：

（1）提升自我学习意识，建立知识系统。学生要有效地对新知识进行加工，简化组织记忆，系统化重建。学生必须有意识地把原有的认知结构演变为更加清晰与牢固的认知结构。学生在学习内容时，尽量把自己学过的知识点，组织创造成一个清晰的结构或网络，从而使自己的逻辑更加地清晰明白。更容易接受新的知识，更加完善自己的知识结构，从而提升科学推理能力。

（2）同学间建立有效的交流。学生应自觉建立有效的沟通，当观点不同或概念冲突时，学生应以自我说服的方式，有意识地与他人讨论和合作。在寻找自己支持的证据和用科学原理说服他人的过程中，讨论提供了一个机会来回顾和反思你的理解水平，即在别人交流的时候发现自己的误解，从而形成正确的知识体系，提高自己的科学推理能力。

（3）巧妙地创设问题情境，引发学生的讨论，激发学生思考。在学科教学中，教师想要提升学生的科学推理能力，必须调动资源，引导学生发现学科问题，寻求科学方法完成科学探究的过程。

为了调动学生的学习兴趣，教师应设置良好的教学情境，可通过提出问题、提出引领课堂教学的全局性问题，引发学生思考。另外，观念性问题一般与学生的日常生活情境关系密切，有助于激发学生的潜在知识以及学习动力。与此同时，观念性问题也与部分特定的学科知识存在联系，有助于学生思维模式从感性到理性的转换，促使探究活动顺利进行，提升学生的学习兴趣，对后续开展科学推理能力有所帮助。

（4）引导学生完善思维导图，提升学生科学推理能力。引导学生建立思维导图，锻炼学生科学推理能力，并在学生建立思维导图后，鼓励学生有效应用思维导图找到解决问题思路，降低学生解题难度，增加学习的信心与动力。

教师引导学生建立思维导图的方法包括：①课前要求学生自行绘制该节课的思维导图，学完后教学生自我完善该节内容思维导图。②学习一个章节之前，学生去了解所需要学习的内容，该章学习完成后学生绘制该节课的思维导图。教师展示学生的思维导图，并在其中标注不足之处，学生课后完善并且添加经典题型以及所用知识点。③选择经典题型中的知识点，学生绘制知识框架教师辅导。经典题型选择和知识框架绘制，利用知识点的相关性进行逻辑推理，绘制解题步骤所用知识点。合理猜想寻找多种解题思路，由相同节点出发绘制多条分支，对比分支的相似与区别，总结方法与思路。

（5）创设探究式课堂，提高学生参与度。在探究性的课堂中，遵循先提出问题，做出有效的假设，对假设进行验证，由验证结果得出结论的流程。学生在发现问题时能做出合理假设，依据假设做出有效科学推理，依据科学推理计划出完整的实验。在实验中收获的不仅仅是严密的思维方法，而且也养成了一种良好的学习态度，这与"培养科学推理能力"的教学目标是一致的。

（6）一题多解，培养学生扩展性思维。许多高中生在解题时经常会有一种惯性思维，但是在高中大多数题目是由两个及两个以上的知识点构成，学生需要运用多知识点去解题。所以要培养学生一题多解的能力，从而更好复习各种知识点。让学生灵活运用多个知识点，从而达到更好的教学目的，可以培养学生科学推理能力、对题目的理解能力。

（二）培养学生的科学思维能力

科学思维能力是目前高中教学要重点培养学生的一项重要能力。科学思维的提出，有利于发挥学科的学科优势，在学习的同时让学生学会思考，形成科学的思维体系，改变过去重点不突出，各种能力的培养与训练笼统进行，到头来学生能力没有任何提高的现象。

科学思维的目的、内容、过程方法等方面相互联系，缺一不可，共同构成了科学思维的稳固根基。科学思维能力的培养策略如下：

（1）将发展学生的科学思维能力列为教学目标。教师们在进行教学设计时，要主动将培养学生的科学思维能力考虑进去，先从思想上重视它，这样在实践中才能有意识地展开相关活动，从而促进学科核心素养的发展。

教师要加强理论的研究，理解科学思维的内涵，了解学生需要掌握的各种方法，挖掘新课标的具体要求，这样教师在进行教学设计时，便可充分调动各方面的知识存储与经验积累，在教学目标指引下科学设计教案，甄选更适合培养学生科学思维的教学方式，最终达到教学目标的要求。

（2）引导学生敢于质疑、大胆创新。教师们在教学中要重视对学生质疑创新能力的培养，让只是被动接受的学生主动去思考，让只敢在心里提出疑问的学生敢于表达自己的观点，让存在不同想法的学生大胆去实践。

教师在教学中注意鼓励学生质疑创新的同时，也需要融入自己的教学智慧，一步一步引导学生逐渐养成质疑创新的能力。

（3）创设情境，激发学生的思维活动。在创设情境时，还需要教师适当的引导，可根据学生反应设置问题，引导学生进行头脑风暴，将创设的情境与学科紧密联系起来。

（4）设计实验，综合运用各种思维方法。实验可以同时调动学生的多种感官，引发学生多种思考，是培养学生科学思维的重要途径。推行实验教学，符合以学生为中心的教学，一直以来都得到广大学者专家的大力支持。无论实验以哪种方式呈现，最终都能实验培养学生科学思维的目的，所以要重视实验的重要作用，让实验走进课堂，加深对实验的研究，让实验发挥其最大作用。

（5）运用现代信息技术，培养学生的科学思维。要想提高教学水平，全方面发展学生的能力，培养现代化高精尖人才，离不开信息技术与学科学习的融合，教师要以积极的态度对待现代化设备进课堂的发展趋势。运用多媒体技术进行课堂教学能够有效地调动学生的积极性，发展学生的科学思维，从而提高学生的学习效率。

（6）解决实际问题，巩固学生的科学思维。在高中教学中，一方面可以结合生活实际进行讲解，让学生感受抽象的学科知识；另一方面，要引导学生学以致用，用在课堂上形成的科学思维来分析、解决实际问题，在解决问题过程中进一步巩固知识、提高探究能力、培养科学抽象思维。

第三节　创造教学情境与话语特色

一、创造高中教学情境

（一）高中教学情境创设的"四层"要求

高考评价体系下，高中教学从知识引领转向价值观引领。高考评价体系中"四层"的考查内容，既是对人才培养提出的要求，也是人才筛选的条件。教学情境创设的关注点应以此发生改变。

1.教学课堂的立意应契合学科核心价值

立意是一节课的主题思想，是教师在设计教学首先考虑的因素，也是教师备课必须完成的目标。教学情境的立意，是贯穿整个情境的意图，是教师在创设情境时慎重思考的要点，也是情境创设最后的走向与最终的深化。

学科的核心价值体现了其特有的育人优势，在高考评价体系引领下既有人文学科的共性，又有学科的个性，包含了理性思维和探究意识，家国情怀和价值观取向。教师在创设教学情境时，将立意落脚于学科考查体现出来的核心价值，从学生的现实生活出发创设问题情境，通过解决问题实现价值的迁移和情怀的培养，既不会偏离教学方向又将考试要求渗透其中，让学生在学习的同时获得情感态度价值观。

教师在教学中合理利用教学资料创设情境，让学生独立思考。学生需要能够结合自己的生活经验快速找到关键词，解决教师提出的问题，将情境落脚点放在了多元共融、平等的情感上，让学生获得知识性学习的同时也得到了价值观的塑造。

2. 教学方法需要体现关键能力

良好情境的创设离不开恰到好处的方法，方法的运用是成败的关键。运用方法让学生具备一定的学习能力，是高考评价体系下考查学生关键能力的体现。高考评价体系确定了三个方面的关键能力群，分别是知识获取、实践操作和思维认知能力，其中有学生已经获得的能力，也强调学生在未来获取知识、构建新的知识体系的学习能力。在此指向之下，学者提出了获取和解读信息的能力、分析问题的能力和探究能力，共 3 项关键能力。这是在高中课堂中创设教学情境时必须思考的方面，利用真实的文字材料等手段体现知识的情境性。

3. 教学内容需要关注必备知识

高考评价体系中将学科必备知识纳入了高中考查内容中，强调基础教育中的主干与基础知识。必备知识从学生已有认知水平出发，随着时代的发展而进行更新和增减，关注学生的兴趣与经验，是学科知识的精华凝练。

（二）依据"四翼"，凸显教学特点

1. 学科的基础性

学科的基础性，要求学生掌握主干知识和基本理论，情境创设在这时应重视基础知识，让学生有足够的认知去思考和分析问题。基础性以基本层面的问题情境为载体，教师在创设教学情境时可以用一些简单的问题情境夯实基础知识。

2. 学科的综合性

知识内部有着千丝万缕的联系，各部分的内容交叉渗透，体现出学科的综合性。综合性还表现在跨学科内容的相互联系和交叉，试题情境就有了丰富多样的呈现方式。为了培养综合素质全面发展的学生，重点突出高考评价体系的引导教学功能，教师在创设情境过程中要充分考虑综合性特征。因此，教师可以在情境中融入视频、图片、文本等不同的元素，让学生学会运用知识解决问题，并通过解决问题掌握和吸收知识，能够用思维来认识问题。与此同时，培养学生跨学科知识能力，从某种程度上来看，这也是教师在指导学生如何学习，让学生在学习过程中从整体入手。

3.学科的应用性

创设相应的教学情境要着重体现应用性特点，让学生在情境中解决问题，以此内化和吸收知识，并将所学知识和能力运用到发现、分析和解决问题中。如果结论让学生感到困惑，此时就应该从科学的价值观和方法论出发，找到问题的根源，向学生做出合理的解释，让学生在解决实际问题时有方法可依，从而促进学生的发展。创设的教学情境要贴近学生的生活实际，与社会和时代发展同步，从学生日常生活、社会热点话题等角度出发设计问题。

4.学科的创新性

素质教育十分重视培养学生的创新能力，高考评价体系也将学生的创新能力作为考查的重点。近些年来，高考试题的情境设置在试题设问方面更加注重引导学生主动思考，学生要学会发现问题，找到其中的规律，得出自己的结论。对于已有的结论和观点，学生要有自己的观点和看法。学生要能够独立思考，辩证地看待问题，能够利用学习的知识去解决生活实际问题，具有创新思维和批判思维。教师在创设情境时也要突出创新性，加深学生对问题的认识，引导学生透过现象看本质，找到问题的关键。

（三）高中教学情境创设的策略

创设教学情境的策略多种多样，但是要实现高考评价体系所体现出来的人才培养要求，需要从创设教学情境的整体过程出发，从课前、课中和课后三个方面进行策略研究。

1.课前准备

把握新高考中学科考查内容和考查方式的变化，这既是教师教学研究的要求，也是教师做好教学工作的基本。高中教学情境的创设在以"四层、四翼"为中心的重构下，至少需要有以下变化：

（1）研读体系，把握前沿变化。

①掌握体系下学科考试之变。具体内容包括考查内容对接素质教育目标、考查要求承接学生素质评价。

②把握体系下情境创设之变。高中教学创设情境，应注重价值引领，结束要落实学科素养的培养；创设教学情境将多种情境进行结合，发挥情境优势；教师创设教学情境应关注学生的整体性。创设教学情境关注学生的整体性，是指面向所有学生创设教学情境，学生被情境氛围所感染不自觉进入到情境中，积极学习。

（2）立足"一核"，转变教学观念。在高考评价体系下，探索高中教学情境创设的策略，需要重新把握考试教学与学习之间的关系，转变教师的教学意图，才能满足高考的考查意图，实现教育的目的。

①立德树人。发挥课程立德树人的教育功能，使学生能够关心国家命运，关注世界的发展。由此，高中教学中，教师可以通过情境创设，将立德树人渗透在日常教学各个方面，使学生在情境中感受高尚的道德情操与卓越的意志品质。

②服务选才。高中教学，承担着基础教育和高等教育之间的衔接，既要满足高中课程培养目标，又要在教学中培养国家和高等教育需要的优秀人才，让他们既有学以致用的能力，又有学科核心素养、创新思维等优秀品质。所以，教师在教学中，对学生的评价应采取发展的眼光与全面的态度，利用情境创设的方式促进学生综合发展。

③引导教学。引导教学是高考对基础教育的现实要求，高中教师在教学中，应该把握教学内容和考试内容之间的关联性，教学内容不等于考试内容，教学内容大于考试内容。在高中授课中，教师得主动将观念转变为"以考促教"，构建和谐的"教考"环境。由此，创设教学情境时应关注学生的素质教育与全面发展，培养学生的学习方法，促进可持续发展。

"一核"为高考摆明了立场，教师在高中教学中，不仅要把握立德树人的根本任务，找准学科价值引领的渗透点，还要主动对接高考"服务选拔、引导教学"的立场，把"培养什么样的人，怎样培养人"的考试内容改革核心要义作为主导融入教学。在这个过程中以立德树人为教育目的，破除用分数衡量学生发展的标准，培养出适合高校的人才，积极探索出一条考试和教学相平衡的道路。

2.课中建构

（1）融合四层、四翼，采取不同的方法创设情境。高考评价体系将情境一分为二：一种是生活实践情境，另一种是学习探索情境。高中的教学情境有不同的要求，但目的十分明确，如此，教学过程才能井然有序，避免发生矛盾。在情境教学中要抓住重点内容，以教材为本，帮助学生掌握核心知识，这不仅是学科素养的要求，也是解决学科问题的基础。

（2）深入分析历年高考试题，从不同的角度出发创设情境。试题情境指的是问题呈现的方式以及背景，凡是与题目内容有关的文化、环境等都属于试题情境，在此基础上才能实现学科考察的目的和要求。高考试题的试题情境是在"一核四层四翼"的指导下，由命题专家精心设计的，是能经得起考验的，其科学性和思想性都有保证，因此，试题情境充分体现了考试的内容和要求，可以为教师创设情境提供参考资源。

3. 课后延伸

在教学过程中，教师可以充分利用课内和课外资源，让学生在课外运用课内情境中的活动和内容，让走出课堂，走进学生的生活，让学生的感知更加真切。

（1）课下的活动性情境有助于巩固学生的情感认知。课下活动情境在课外设立。以组织不同的活动为基础设置情境，一方面要与教材内容匹配，另一方面要考虑地区教学资源。在教学情境中融入地方史资源，可以有效提高学生的认同感，让学生掌握更好的学习方法。

课堂教学和课下活动相结合，可以有效巩固学生的情感培养。在活动性情境中，学生能够运用课堂学习的知识和能力，也体现出应用性特征。教师在设计活动情境时可以结合教学主题，设计具有教育意义的情境任务，此外还可以鼓励学生参观博物馆、相关人物故居等，让教学情境走出课堂。高考评价体系要求教师不能局限于课堂情境，要善于发掘课外教学情境，学生也应该在社会情境中多实践，巩固所学知识和技能。

（2）课外知识情景拓展应用的力度。创设教学情境，要贴近现实生活，立足于生活实际。教育重点在于促进学生健康成长，满足社会发展的需求，"一核四层四翼"要求学生在看待问题时采取辩证思维，能够分析和解决问题，此项要求突出体现在考察要求的应用性中。将课外情境引入课堂教学就是立足于学生的生活，在此基础上开展教学能够激发学生学习的动力，开阔学生的视野，课内和课外教学情境与社会热点话题相结合，还能够让学生学会活学活用，但是有一点要注意，就是教师要结合具体的教学内容和学生实际情况。

二、创造高中教学话语特色

"教学话语是话语主体在教学活动中，运用特定话语方式来完成一定教学任务和实现相应教学目标的重要形式。"[1]高中教学话语是伴随着教学活动而产生的，教学话语需要在教学过程中找到自己的方向和价值。高中教学话语不仅要紧跟时代的步伐，具有一定的时代特征，还要符合社会主流意识的需要。高中教学话语要遵循一定的话语规范，用规范的教学话语向学生传授理论知识，使学生认可和接受教学话语。高中教学话语的特色包括：主导性、价值导向性、严谨性、时代性、生活性。

高中教学话语特色的提升策略如下：

（一）坚持教师主导性和学生主体性相统一

（1）教师要不断更新教育理念，激发学生学习的动力。高考评价体系要求教师要与学生建立平等的师生关系，尊重学生，思想上要重新认识和定义师生关系。在课堂教学过程中，教师可以在课前让学生自主思考和探究，在课堂上发表自己的看法和结论，最后进行补充和拓展。采用让学生主讲和自主探讨的教学方法，可以加深学生对知识的理解，教师也可以明确学生的学习情况。平等和谐的课堂氛围可以更好地促进学生发展，让高中教学活起来。

（2）教师要掌握学生的话语动向。教师要找准与学生对话的时机，了解学生的心理和想法，并将自己的想法告诉学生，丰富学生的视野，帮助学生发散思维，并给予学生表达观点的机会。

教师不要随意质疑学生的能力，将学生分成三六九等，而要能够把握学生的话语动向，尊重每一个学生，充分发掘学生的潜力，在课堂教学中真正做到以学生为中心。

（3）学生要认识到学生话语在课堂上的作用，并维护自身话语权。在课堂教学中，学生要积极发挥主观能动性，全身心地投入到学习中。师生之间、生生之间要进行广泛的沟通和交流，在交流中产生新的思想。此外，学生要敢于挑战老师和权威，与教师平等地对话，如此，高中教学话语的发展才能得到促进。

---

[1] 杨林.高中思想政治课教学话语运用策略思考[D].西宁：青海师范大学，2020：1.

（二）优化教学话语环境，创造有效的话语氛围

为学生提供良好的话语环境，能够让高中教学话语对学生的影响最大化，也能够促进教学话语的发展。因此，要不断优化教学话语环境，使教学话语环境更加积极、合理、高效。

（1）提高新媒体的利用率，让高中课堂的话语渠道不断拓宽。新媒体具有开放性和共享性特征，所以不少著名的教育专家和教育工作者开始在社交媒体上与大众分享和交流观点，教师也可以在社交媒体上与他人进行交流，丰富自身经验，通过不断学习提高自身专业水平和能力。

如果新媒体利用得当，教师可以丰富自身知识，提高专业技能，优化教学话语，既让教学话语紧跟时代发展，贴近人们的生活，也让教学话语更有魅力，吸引学生。此外，教师还可以通过新媒体了解学生的日常生活。

现代多媒体技术发展日新月异，教师可以在课堂上利用多媒体技术丰富教学形式，创新教学方法。比如，利用新媒体技术将一些抽象和艰难晦涩的知识制作成图片或视频，在课堂上展示，化抽象为具体，使课堂教学更加生动，便于学生理解；也可以活跃课堂氛围，激发学生兴趣，使学生主动学习。

（2）合理安排教学时间。学校要合理安排课时，要重视实践教学，当学生的理论知识已经完全掌握时，可以安排学生参加社会实践活动，在实践中运用所学知识，加深学生对知识的理解。

（3）班级规模要合理。学校要控制班级的规模，一个班级人数不能过多。班级人数控制在合理的范围内，教师就可以加强对学生的关注，了解学生的学习情况，学生在课堂上也会有更多表达和展示的机会。

在课堂上，教师对学生的关注度越高，学生的积极性也会越高，采取中小班教学一方面可以让教师兼顾到每个学生，另一方面也可以让学生在课堂上积极性更高。如果目前高中课堂无法采取中小班教学模式，也可以采取大班教学、小班研究讨论的模式。无论采取何种教学模式，学校和教师都要努力创新教学方法和手段，激发学生学习的积极性和动力，让学生主动学习，积极参与到课堂互动中，大胆发表看法。

（三）丰富教师的教学话语特色

（1）丰富教师教学话语的艺术。具有艺术性的教学话语可以帮助教师与学生进行准确、有效的交流和沟通，能够使教学话语生动形象富有情感，使教师更好地向学生表达自己的思想、对学生有的放矢地传授教学内容，还能够拉近教师与学生之间的距离、学生与理论知识之间的距离。

（2）形成稳定的且富有特色的教学话语风格。

1）教师应该在遵循教学规律和教材话语的基础上，及时、准确地掌握学生对知识的认知水平，要了解学生学习的实际情况，还要尊重不同学生之间所存在的个体差异性，用学生认可的、喜闻乐见的教学话语，提高学生的学习积极性和主动性，使学生真诚地与教师进行有效互动，拉近教师和学生之间的距离。

2）教师需要用辩证的眼光，去看待应用于高中课堂的生活话语和网络话语，需要与教学内容相结合，将它们进行升华和深化，提出具有实质意义的见解。只有这样的教学话语才是符合学生心理需求和实际需求的话语，才能帮助学生解决在学习和生活中遇到的实际问题，才能更有效地与学生进行交流和沟通，才能更好地发挥教师在课堂的主导作用，提高效率和质量。

结束语

　　高中生处于思想和价值观念逐渐形成并基本定向的重要人生阶段。在这一过程中，良好的教育引导能够帮助学生建立完善的人格，培养优秀的能力。因此，核心素养视域下，高中教育工作需要不断强调学生的主体地位、教师的主导作用，落实高考评价体系，综合高校人才选拔要求，强调教、学、考的有机统一，充分发挥高考的正面导向作用。

参考文献

一、著作类

[1] 教育部考试中心制定. 中国高考评价体系 [M]. 北京：人民教育出版社，2019.

[2] 徐尚昆，杨汝岱，郝保伟. 中国高考报告 2021[M]. 北京：新华出版社，2021.

二、期刊类

[1] 李建民. "全面普及高中阶段教育"的内涵释要与路径选择 [J]. 教育研究，2019，40（07）：73.

[2] 蔡国寨. 高考评价体系下高中思想政治课教学留白对学生高阶思维能力培养策略研究 [J]. 考试周刊，2021，（79）：145-147.

[3] 曹谦. 基于《中国高考评价体系》的思想政治复习备考策略 [J]. 教学考试，2021，（25）：51-53.

[4] 陈光煊. 新高考评价体系下高中政治课教与学策略探究 [J]. 考试周刊，2021，（34）：128-129.

[5] 陈良坚. 基于高考评价体系的思想政治学科命题情境设计 [J]. 名师在线，2021，（09）：10-11.

[6] 陈友芳，巫阳朔. 高考评价体系下高中思想政治课教学的变革 [J]. 教学月刊·中学版（政治教学），2020，（Z2）：3-6.

[7] 成洁. 例谈高考评价体系下思政课教学改进 [J]. 中学政治教学参考，2021，（17）：65-67.

[8] 窦育国 . 嬗变与应变：新高考评价体系下政治教学如何突围 [J]. 中学政治教学参考，2020，（23）：18-21.

[9] 郭新彬 . 高考评价体系下高中政治校本作业实践反思 [J]. 高考，2022，（03）：6-8.

[10] 蒋炜波，赵坚 . 试题情境：实现"四层""四翼"承载作用的重要载体 [J]. 物理教学，2020，42（10）：2-5+36.

[11] 蓝惠娟 . 基于中国高考评价体系的教学研究——以高中思想政治《社会发展的规律》为例 [J]. 文理导航（上旬），2021，（03）：82+84.

[12] 李淑萍 . 高考评价体系在高中政治教学中的运用探研 [J]. 成才之路，2021，（17）：22-23.

[13] 刘凤洲 . 新高考评价体系下的高中德育课堂初步探索 [J]. 高考，2021，（27）：7-8.

[14] 刘艳丽 . 新高考评价体系下的高中思想政治教学路径 [J]. 天津教育，2021，（29）：106-107.

[15] 刘媛，蔚国娟 . 以情境为载体的高考评价体系落地探析——以 2020 年高考思想政治试题的"情境"设置为例 [J]. 基础教育课程，2020，（Z2）：36-40.

[16] 马维恩 . 高考评价体系导向的高中思想政治复习课教学探析 [J]. 学周刊，2021，（09）：75-76.

[17] 祁平，任子朝，赵轩 . 指明改革方向绘就培养蓝图——高考评价体系育人视角的解读与应用 [J]. 数学通报，2020，59（04）：1-6+23.

[18] 任子朝，赵轩，郭学恒 . 基于高考评价体系的关键能力考查 [J]. 数学通报，2020，59（08）：15-20+24.

[19] 宋宝和，时明芝 .《中国高考评价体系》的评价创新 [J]. 课程 . 教材 . 教法，2020，40（05）：132-137.

[20] 王恒富，周步兵 . 基于高考评价体系的学科关键能力的检测及其启示 [J]. 中学政治教学参考，2020，（27）：60-62.

[21] 王敏 . 新高考评价体系下的政治选科与学生职业生涯规划 [J]. 大连教育学院学报，2020，36（02）：37-39.

[22] 文晓婷 . 基于高考评价体系的思想政治学科教学思考 [J]. 中学政治教学参考，2021，（13）：56-57.

[23] 巫阳朔，胡传勇 . 基于高考评价体系的思政学科学业水平选择性考试 [J]. 思想政治课教学，2021，（03）：68–70.

[24] 巫阳朔，赵轩，赵静宇，等 . 德智体美劳全面培养背景下高考内容改革的实践探索 [J]. 课程 . 教材 . 教法，2020，40（05）：126–131.

[25] 徐旻晶 .《中国高考评价体系》在高中思想政治试题中的实现机制探究 [J]. 教学考试，2022，（16）：44–47.

[26] 徐兆兰，郑璐璐，陆洋 . 近年来我国普通高中教育教学价值研究述评 [J]. 江苏教育研究，2017（31）：35. 李自娇 . 高中思想政治课议题式教学调查研究——以广州市 S 中学为例 [J]. 法制博览，2020（17）：225.

[27] 杨林 . 高中思想政治课教学话语运用策略思考 [D]. 西宁：青海师范大学，2020：1

[28] 尹建文 . 辨析式学习的组织与指导 [J]. 中学政治教学参考，2021（37）：29.

[29] 朱国杆 . 新高考评价体系下高中思想政治教学的应对之策 [J]. 读写算，2020，（30）：78.

[30] 邹幸 . 解读新高考评价体系解构政治大概念教学 [J]. 中学政治教学参考，2021，（41）：54–56.